우리가
살 수 없는
미래

마이클 해리스 지음
Michael Harris

김하늘 옮김

우리가
살 수 없는
미래

황폐한 풍요의 시대,
돈으로 살 수 없는 삶의 방식을 모색하다

마이클 해리스 지음
Michael Harris

김하늘 옮김

어크로스

나의 부모님인 밥과 매릴린에게 바친다

개츠비는 초록빛을,

한 해 한 해 우리에게서 멀어져가는 흥청망청한 미래를 믿었다.

그건 우리에게서 달아났지만 상관없었다.

내일 우리는 더 빨리 뛰고 더 멀리 손을 뻗을 것이다.

F. 스콧 피츠제럴드, 《위대한 개츠비》(1925)

안녕감을 빼앗긴 채로

우리는 작은 일회용 물병에 있는 물을 급히 마신다.

플라스틱을 길가에 내던지며

효능이 강한 강장제나 콜라를

목구멍으로 들이붓는다. 왜냐하면 이 시대는

우리의 진을 다 빼놓았고

우리는 절박하니까⋯⋯

나오미 시하브 나이Naomi Shihab Nye,

〈미래의 세계, 우리는 목이 말랐다World of the Future, We Thirsted〉(2020)

차례

1부

단 하나의
신화

1장

쓰레기 언덕

All
We Want

매립지에 없는 게 단 하나라도 있을까. 나는 궁금했다. 가지각색의 물건들이 쌓여 매끄럽고 그럴싸한 언덕으로 바뀌는 것을 보면서, 그리고 일꾼들이 흙으로 언덕을 덮어 물건들의 흔적을 지워버리는 모습을 보면서 나는 이런 장소들이 품고 있을 어마어마한 쓰레기양에 혀를 내둘렀다.

몇 시간 동안 고속도로를 달리다가 우리는 잠시 차를 세우고 세상이 타는 모습을 지켜보기로 했다. 남편과 나는 호프 마을을 지나 코퀴할라 고개를 올랐다. 어느새 우리는 브리티시컬럼비아주 중부의 우거진 산림 깊숙이 들어섰고 그곳에서는 비로소 재앙을 지켜볼 수 있었다. 도무지 가시지 않는 희부연 연기 너머로 태양이 진홍빛으로 타올랐다. 하늘은 그해 여름 거의 내내 그랬듯 옅은 구릿빛과 버번위스키 빛으로 물들어 있었다. 몇 킬로미터 길이로 뻗어 있는 검댕 사이로 오늘 불타오르는 지역에서 막 피어오르는 두꺼운 회색 연기 기둥이 보였다. 라디오에서는 100만 헥타르에 달하는 숲이 사라질 것이라고 했다.

　휴게소에는 소프트아이스크림 체인점인 데어리퀸이 있

었다. 시멘트로 지은 전망대 위에 홀로 차분하고 위풍당당하게 자리 잡은 모습이 마치 사원 같았다. 주차장의 공기가 너무 탁했기에 우리는 안으로 들어갔다. 유니폼을 입은 젊은 남자 직원은 누군가가 찾아왔다는 사실에 적잖이 놀란 듯했다.

우리는 아이스크림 두 개를 산 다음 창가에 서서 아이스크림을 먹으며 세상의 종말을 목도했다. 몇 년 만에 먹어보는 데어리퀸 아이스크림이었다. 나는 혀가 아릴 정도로 강한 단맛을 한껏 즐겼다. 몇 분 뒤에 플라스틱 숟가락과 아이스크림 컵, 지저분해진 냅킨을 갖다 버린 우리는 만족감 속에서 자동차 쪽으로 걸어갔다. 데어리퀸 입구에서 혼다 시빅 자동차로 걸어가는 동안 검은 재가 점점이 내 안경과 티셔츠 위로 날아들었다. 나는 고개를 들어 멍든 하늘을 쳐다보았다. 무수히 많은 까만 부스러기가 우리를 향해 몰려들었다. 재가 비 오듯 쏟아져 내렸다.

이건 두 계절 전의 일이다. 이 일로 여름에 여행을 떠나려면 미리 마스크를 챙기고 화재 소식이 있는지 확인해야 한다는 걸 배웠다.

그 순간을 돌이켜보면 어떤 징조였던 것 같다. 우리가 태평하게 아이스크림을 먹는 동안 세상이 타들어갔다. 그럼에도 우리는 아무렇지 않았다. 이런 징조가 아주 흔해졌기 때문이

우리가 살 수 없는 미래

다. 빙하가 녹아내리고 쪼개졌다. 지구의 생물 다양성이 무너져 내렸다. 하나의 주제를 둘러싸고 엄청난 변주가 있었다. 물질 세계가 다가오는 변화에 덜덜 떨고 있었다. 현재의 상태는 현실의 한계에 부딪혀서 금이 가고 있었다.

당시에는 몰랐지만 다른 징조들도 나타나고 있었다. 팬데믹이 모든 사람을 덮쳤다. 그리고 그와는 별개로 다른 재앙이 우리 가족을 향해 다가오고 있었다. 현재 우리가 누리는 생활이 지속되지 않으리라는 불길한 예감이 도처에 있었다.

그동안 우리는 아이스크림을 먹었다. 머지않아 벌어질 비상사태를 외면했기에, 인지 부조화를 토대로 평범한 나날을 이어갔다. 하지만 나는 서서히 이런 괴리를 자각했다. 나는 남편과 변화의 노력이 소용없다는 이야기를 했다(그리고 뒤이어 변화의 필요성을 이야기했다). 기사를 읽고 집을 뒤져서 환경 파괴라는 비용을 계속 발생시키는 물건들을 찾아보았다. 이런 모든 순간이 눈 위에 렌즈를 하나씩 덧씌우듯이 흐렸던 초점을 차츰 맞춰주었다. 결국에는 사실을 부인할 수 없었다. 나를 둘러싼 소비문화는 언제든 무너질 허상이었고 어처구니없을 정도로 단순화된 이야기였다. 그리고 그 이야기는 이제 끝나가고 있었다.

대부분 그렇듯이 나 역시 내게 주어진, 소비자의 행복이라는 꿈을 놓지 못했다. 여전히 그 꿈은 텔레비전과 잡지에서, 내가 가봤던 호화로운 집 안에서 빛나고 있었다. 그 꿈이 점차 터무니없고 괴상하게 변하는데도 나는 그걸 놓지 못했다.

소비자의 행복을 둘러싼 이야기가 내 주위를, 내가 아는 모든 사람 주위를 배회했다. 그건 우리가 보는 모든 것을 물들였을 뿐 아니라 숨결 속에도 침투해서 어느새 우리가 사는 세상의 변치 않는 당연한 일부처럼 여겨지게 되었다. 이렇듯 어떤 이야기들은 허구 속의 영원한 순간으로 우리를 끌어들이고 진짜 역사가 거침없이 흐르는 동안 우리를 흐름 바깥에 떼어 놓는다.

소비자 신화를 버리고 새로운 삶의 방식을 찾아내는 것은 매우 중요해 보이는 한편 달성 가능성은 희박하게만 느껴졌다. 하지만 나는 적어도 시작은 해보기로 마음먹었다. 그리고 그 시작은 소비가 끝나는 지점이어야 한다고 판단했다. 바로 쓰레기 매립지였다.

하지만 여기는 곧 가득 찰 텐데요

이전에는 이곳에 와본 적이 없었다. 그래야 할 이유가 없었으니까. 쓰레기 매립지는 우리가 잊고 싶어 하는 물건들로 차 있다. 하지만 내가 그간 쓰레기 매립지를 피해온 데에는 아마 또 다른 이유도 있었을 것이다. 매립지는 용서받아야 할 지난날의 과오가 보관된 곳이기 때문이다. 사용되었던 물건, 망가진 물건, 잃어버려서 안타까운 물건, 미련 없이 떠나보낸 물건들. 잠시 멈추어 우리가 버린 물건들을 모두 합산해보면 우리의 소중한 소비문화를 지탱하기 위해 어떤 대가를 치러야 하는지 알게 된다. 그러면 우리가 가진 물건과 누려온 것들이 지속 가능하지 않은 사치이자 그릇된 환상으로 보이기 시작한다.

밴쿠버의 쓰레기 매립지에서 시 측이 지정해준 안내원인 린을 만났다. 린은 친절하지만 빈틈 없는 여성으로 반사띠가 붙은 안전조끼를 입고 발가락 보호쇠가 들어간 장화를 신고 있었다. 나는 린이 마음에 들었다. 그녀가 매립지에서 일하는 것을 자랑스러워한다는 점에도 호감이 갔다.

우리는 쓰레기 언덕을 올랐다. 금속 조각들, 케이블, 의자, 빈병 등 이곳에 마땅히 있어야 하거나 없어야 하는 물건을 담은 봉지들이 보였다. 내가 사는 도시에서 한때 원했다가 더는 원치 않는 물건이 모두 여기 있었다. 괴물처럼 거대한 트럭이 무게 3000킬로그램이 넘는 징 박힌 타이어로 쓰레기를 밟고 찌부러뜨려서 완만한 언덕처럼 만들었다. 트럭 운전자가 그렇게 만들어진 쓰레기 언덕에 만족하면 플라스틱 덮개가 씌워질 테고 그 위에 흙과 잔디 씨앗이 뿌려질 것이다. 내부에 석면이 광맥처럼 뻗은 쓰레기 더미는 자연을 연상시키는 예쁜 언덕으로 탈바꿈할 예정이었다.

언덕 꼭대기에서 회갈색 수리를 만났다. 아직 어려 보이는 수리는 썩은 음식 조각과 엉킨 비닐을 분리해내느라 바빴다. 결국에 지쳤는지 아니면 사과 심과 쇼핑백을 실컷 먹고 배가 불렀는지 수리는 하늘을 향해 크게 날갯짓하더니 내 머리에서 3미터 떨어진 울타리 기둥 위에 내려앉았다. 수리는 나는 안중에도 없이 광대한 폐기물 벌판을 응시했다. 그 왼쪽에 있는 기둥에 다른 수리 한 마리가 앉아 있었다. 그리고 그 너머 기둥에도 또 한 마리가 있었다. 이내 나는 울타리에서 보초를 서거나 매립지 위를 맴도는 수리가 수백 마리에 달한다는 사실을 알아챘다. 청소부인 수리들의 시선이 내가 사는 도시에서 운반되어온 갓 쌓인 쓰레기 더미를 향했다. 나는 잠시 수리들을 관찰하다가 그들이 군침을 다시며 보고 있는 쓰레기 벌판으로 시선을 돌렸다. 우리는 가고일*이 대성당을 바라보듯이 쓰레기 벌판 안쪽을 응시했다.

---

* 주로 고딕 성당 외벽에 붙어 있는 괴수 모양의 석상으로 원래는 빗물 배출구였으나 나중에는 단순히 장식용으로 만들기도 했다.

우리가 살 수 없는 미래

나는 몸을 돌렸다. 매립지를 이루는 더 많은 구불구불한 언덕들이 눈에 들어왔다. 그 면적이 총 225헥타르에 달했다. 모나코공국에 맞먹는 크기였다. 기묘하게도 가짜 언덕에는 꽃들도 피어 있었다. 주황색과 푸른색이 점점이 예쁘게 돋아 있었다. 수풀이 우거진 주변부에서는 사슴 한 마리가 풀을 뜯고 있었다. 보통 쓰레기장에 구름처럼 몰려들곤 하는 갈매기 떼는 눈 씻고 찾아도 보이지 않았다. 매 사냥꾼이 매일 매들을 데려와서 겁을 주어 쫓아버렸기 때문이다(이런 훼방에도 단념하지 않은 건 수리뿐이었다). 이 모든 게 예뻐 보였다. 매연을 내뿜는 트럭 행렬만 아니었다면 심지어 평화로워 보였을 것이다. 영화 세트장같이 예뻤다.

내가 최근에 이 언덕 중 한 곳에서 불이 나 장장 19일간 맹렬한 기세로 번진 일에 관해 묻자 린이 얼굴을 붉혔다. 연기가 피어오르자 인부들은 발화지를 살펴보기 위해 그 주변을 팠다. 그렇게 산소가 없던 아래쪽에 대량의 산소가 들어가면서 작은 불씨가 화마로 자라고야 말았다. 본래 모든 쓰레기 매립지는 잠재적 위험 덩어리다.

린과 나는 언덕을 내려와서 자동차만 한 금속 상자들이 빽빽이 들어찬 구역을 지났다. 이 상자들은 도시 구석구석에 놓여 있었던 의류 수거함이었다. "이상하네요." 내가 수거함을 가리키며 입을 뗐다.

"그렇죠. 이런 수거함이 아주 많이 버려졌어요. 그 사건들 때문이에요." 다섯 사람이 의류 수거함 속에서 사망하는 바람에 이런 수거함이 금지되었다는 사실이 나중에야 떠올랐다(나는 희생자들이 오래된 셔츠나 바지를 찾으려다가 수거함에 갇혔을 거라고 생각했으나 경찰에 따르면 그들은 마약을 투여할 편안한 장소를 찾아 그 안으로 기어들었다고 한다).

쓰레기 매립지는 우리가 가장 숨기고 싶어 하는 치부와 연결되어 있다. 몇 해 전에 경찰관 30명이 보호복을 입고 며칠 동안 이 예쁜 언덕들을 뒤지다가 갓 태어난 남자 아기의 시체를 찾은 일이 있었다. 아기 엄마는 남자친구 집의 화장실에서 출산한 아기를 수건에 싸서 근처 학교의 쓰레기통에 넣었다. 아기가 죽은 채로 태어났는지 아닌지는 알려지지 않았다.

매립지에 없는 게 단 하나라도 있을까. 나는 궁금했다. 가지각색의 물건들이 쌓여 매끄럽고 그럴싸한 언덕으로 바뀌는 것을 보면서, 그리고 일꾼들이 흙으로 언덕을 덮어 물건들의 흔적을 지워버리는 모습을 보면서 나는 이런 장소들이 품고 있을 어마어마한 쓰레기양에 혀를 내둘렀다.

밴쿠버의 쓰레기 매립지는 그렇게까지 대단한 양의 쓰레기 더미는 못 된다. 그건 전 세계에서 자행되는 낭비의 축소판이자 표본에 불과하다. 우리가 내다 버리는 모든 걸 그러모으면 현기증이 날 지경이다. 매년 우리는 20억 톤의 쓰레기를 생산한다(우리 아이들이 어른이 되었을 때는 그 양이 34억 톤에 이를 것이라고 한다).[1] 그 가운데 5000만 톤은 텔레비전과 휴대전화, 프린터와 태블릿 컴퓨터를 비롯해 할아버지의 지하실에 처박혀 있던 쓸모없는 팩스기기, 엄마가 작업실에서 쓰다가 랜섬웨어에 감염되어 내다 버린 아이맥 같은 '전자 폐기물'이다. 그리고 이제는 쓰레기가 땅으로만 가지 않는다.[2] 조상들이 먹고 남은 찌꺼기를 1미터 깊이의 땅속에 묻었다면 우리는 로켓에 싣고 우주로 쏘아 올린다. 달에 남겨진 쓰레기는 이미 18만 킬로그램에 달하고, 그 가운데는 우주비행사의 배설물과 토사물이 담긴 봉지 96개도 있다.[3] 게다가 '우주 쓰레기' 50만 개가 길을 잃은 채 지구 주위를 시속 2만 7000킬로미터로 돌고 있다.[4]

내가 사는 이곳의 매립지조차도 가득 찰 대로 차서 2036년 이후에는 쓰레기를 더 받지 않을 예정이다. 새로운 매립지는 어디가 될까. 내 물음에 린이 눈을 깜박이며 대답했다. "아직 계획이 없어요."

"하지만 여기는 곧 가득 찰 텐데요. 우리가 버린 물건은 그럼 모두 어디로 가죠?" 그해에만 쓰레기 72만 1000톤이 이곳으로 실려 왔고, 그보다 많은 양이 남쪽의 미국으로 운반되

었다.[5]

린은 모르겠다는 듯 어깨를 으쓱했다. "어떻게 해야 할지 아직 알아내지 못한 모양이에요."

잠시 후에 린이 말을 꺼냈다. "이곳을 최대한 눈에 거슬리는 구석 없이 쾌적한 곳으로 유지하려고 노력하고 있어요." 린은 트럭 행렬 너머로 보이는 예쁜 언덕을 가리켰다. "제가 저 꽃들을 심었지요."

우리가 살 수 없는 미래

2장

불가능한 꿈

All
We Want

많은 경제학자와 정치인이 더욱 완강한 자세로 성장만이 나아갈 길이라고 주장한다. 그리고 기술 발전 덕분에 성장을 거듭하면서도 탄소 배출은 서서히 줄어들 것이라고 약속한다.

8000만 년 전 테티스해라고 불리는 바다가 지금과는 완전히 다른 모습의 대륙들 사이에 펼쳐져 있었다. 기억 너머로 사라진 바다가 이제는 잊힌 해안에서 찰싹였다. 그때 지구는 표면의 5분의 4가 물로 덮여 있어서 지금보다 더 파랬다. 해수면은 오늘날보다 수백 미터 높았다. 땅 위에서 티라노사우루스 렉스가 살금살금 먹잇감에 접근할 때 진짜 드라마는 물속에서 펼쳐졌다.

햇살이 반짝이던 테티스해 수면에 생명체가 바글댈 만한 환경이 조성되었다. 계속해서 따스했던 백악기 기후에 힘입어 플랑크톤이 급속히 불어났다. 벌레나 오징어처럼 생긴 동물성 플랑크톤은 광합성을 하는 사촌뻘 생물인 식물성 플랑크톤을 잡아먹었다. 플랑크톤 대부분은 너무 작아서 설령 인간이 그

당시에 살았다고 해도 그 존재를 알아차리지 못했을 것이다 (바닷물 한 방울에 플랑크톤 100만 마리가 들어 있을 수도 있다). 하지만 이들의 수가 무수히 많았기에, 인간의 머리로는 도저히 헤아릴 수 없을 정도로 많았기에, 우주에서 푸른 지구를 내려다보는 관찰자가 있었다면 이들이 만들어낸 뿌연 해역의 방대함에 경탄했을 것이다.

8000만 년 전에 이 플랑크톤 떼는 물결을 타고 테티스해 전역에서 증식했고, 극히 작은 생물답게 며칠에 불과한 짧은 생을 살다가 죽었다. 기력이 다한 플랑크톤은 바다 눈이 되어 깜깜한 심해에 부슬부슬 내렸다. 각자 극미량의 태양에너지를 지닌 채였다. 수 주에 걸쳐 서서히 물속을 떠다니며 가라앉는 동안 플랑크톤 대부분은 몸집이 더 큰 생물들에게 먹혔고, 일부가 바닥까지 닿았다 하더라도 대개 해저를 헤집으며 돌아다니는 생명체의 먹이가 되었다. 하지만 아마 전체 플랑크톤의 1퍼센트가량은 이런 운명을 피하고서 침전물 아래에 묻혔을 것이다. 시간이 흐르며 플랑크톤을 덮은 침전물의 높이가 2~3킬로미터에 이르렀을 때 용광로처럼 뜨거운 지구 중심부의 열이 이 어마어마한 양의 플랑크톤 사체를 탄화수소로 분해했다. 여기에서 흘러나온 물질이 우리 세계에서 연료로 쓰이는 석유가 되었다. 일렁이는 어둠 속에서 석유만 만들어진 것은 아니었다. 거기에는 또한 생명의 이야기, 우리에게 읽히기까지 수천만 년을 기다려온 이야기가 있었다.

왜 나는 바다 눈이라는 이미지에 홀린 걸까? 어떻게 보면 그건 상상할 수 있는 가장 평범한 장면이었다. 생명을 다하고 햇빛 없는 깊은 곳으로 끝없이 떨어져 내리는 생명체. 바다 눈은 매일 반복되는 현상이다. 하지만 까마득히 긴 세월이 흐르면서 바다 눈은 놀라운 결과를 낳았다. 우리가 향유하는 소비 문화 전체가 그 덕분에 가능해졌기 때문이다. 수백만 년, 수천만 년이라는 긴 세월을 상상해보라. 지구의 후끈거리는 열기를, 우주의 물리 현상이 일군 기적을 상상해보라. 우리가 막대한 부를 펑펑 쓰도록 그 모든 것이 짜 맞춰졌다고 상상해보라. 그리고 이 모든 부가 역사의 목표였다고 생각하는 자신을 상상해보라.

익히 알고 있는 목소리가 속삭인다. "당신은 소비하려고 태어났어요. 그게 삶의 목적이자 의미예요."

지구가 하는 일을 사색하고 있노라면, 그리고 점점 짙어지는 어둠 속으로 천천히 내리는 바다 눈을 보며 쓰레기로 쌓아 올린 가짜 언덕을 머릿속에 떠올리고 있노라면, 석유 생산 비용이 터무니없다는 사실을, 그리고 수백 년간 흥얼거려온 소비의 서사가 깊이 뿌리내리면서 우리가 치러야 할 대가가 어처구니없이 커졌다는 사실을 이해하게 된다.

소비지상주의의 모순

그럼에도 우리는 새로운 이야기들을 상상해볼 수 있는 순간에 살고 있다. 아니, 상상해볼 수밖에 없다는 말이 더 맞긴 하다. 서구의 밀레니얼 세대는 그들의 부모 세대가 마흔일 때에 비해 소득은 더 적고, 빚은 더 많으며, 자산도 사실상 없다. 평균 순자산이 8000달러 미만인 이들은 현대 역사상 가장 가난한 세대로 꼽힌다.[1] 이들보다 어린 Z세대가 맞이할 세상 역시 희망이 없기는 마찬가지다.[2] 직장 생활은 불안정하고 불확실해졌다. 결혼, 주택 소유, 출산은 모두 미뤄졌다. 지금 젊은 세대는 아무리 애써도 70대 중반에나 은퇴가 가능할 것이다. 미국,[3] 영국[4]을 비롯해 기대 수명이 줄거나 정체한 국가에는 그다지 위안이 되지 않는 소식이다. 하지만 이렇게 온통 나쁜 소식이 들려오는 와중에도 우리가 환멸을 느낀다는 점만은 고무적이다. 그간 젊은 세대는 영원한 성장이라는 개념이 압박 속에서 금이 가는 모습을 목격해왔다.

그렇다고 물질문화가 오늘날의 젊은 세대에게 실망만을 안겨주었다는 말을 하려는 것은 아니다. 사실 선진국에 사는 젊은 세대는 그들의 할아버지 세대보다 두 배 많은 물질을 소

우리가 살 수 없는 미래

유한다.[5] 고갈되어가는 각종 사회보장 재정에 대한 밀레니얼 세대의 불안이 수백 년간 형성된 소비문화를 뒤집어엎으리라는 뜻도 아니다. 요점은 20세기의 꿈이 생태적·경제적 재앙, 심지어 바이러스에 의한 재난으로 흔들리고 있다는 것이다. 그리고 흔들린 규모가 매우 컸기에 그 꿈이 본질적으로 거짓이고 비현실적이라는 사실을 알아챌 기회가 생겼다. 2020년대에 40대에 들어서는 밀레니얼 세대는 주기적으로 실망과 좌절, 경기 침체와 반전을 겪었다. 그러면서 즐거움 가득한 장밋빛 미래가 펼쳐지리라고 기대하지 말라는 경고를 해마다 받았다. 따라서 그들은 물질적 위안과 소비자의 행복을 속삭이는 이야기의 핵심부에 터무니없는 모순이 있음을 잘 알고 있다. 고용 안정성, 부동산, 편안한 노후 등 '좋은 삶'과 관련된 폭넓은 약속 중 어느 것 하나 실현되지 않았다. 사실 내가 속한 세대는 소비지상주의를 둘러싼 반짝이고 완전무결한 환상을 받아들인 마지막 세대이자 다음에 펼쳐질 이야기를 탐색하는 첫 세대이기도 하다. 우리 세대는 오래된 이야기가 터무니없으며 향수에 젖어 있다는 점을 알아챘다. 그리고 20세기에는 소비를 부추기는 이야기가 진실처럼 느껴졌다고 해도 이 이야기는 21세기에 맞닥뜨린 현실 앞에서 좌초되었다는 점을 간파했다.

우리는 위기를 알아차리고도 막상 변화가 코앞에 다가오면 망설인다. 사람들은 운동복과 시리얼을 담아 집으로 가져오기 위해 매년 5조 개의 비닐봉지를 쓴다.[6] 그렇다, 수리가 쓰레기장에서 게걸스레 먹어치운 바로 그 비닐봉지다. 미국같이 부유한 나라에 사는 사람들은 마치 일회용 종이컵을 버리듯 별생각 없이 소파나 깔개를 내다 버린다. 우리 조상에게는 지독히도 타락한 듯이 보일 생활 방식이 우리에게는 아무렇지 않아 보인다. 게다가 개발도상국들이 얼기설기 얽힌 무역망에 편입되면서 해마다 추가로 수백만 명이 끝없는 욕구에 기반한 소비 방식을 선택하고 있다. 2030년 무렵이면 전 세계 중산층(생명 유지에 필수적인 물건을 구매할 수 있을 뿐 아니라 마음 가는 곳에 쓸 수 있는 약간의 여유 자금을 지닌 사람들)은 56억 명에 달하리라고 예상된다(고작 10년 만에 20억 명이 늘어나는 것이다). 새로운 소비자들은 자기들이 쟁취해낸 전리품을 마다하면서 천사처럼 굴지만은 않을 것이다.[7] 생태학자인 윌리엄 리스William Rees에 따르면, 이들은 "에너지에 중독된 소비자들의 파티에 자신들을 끼워달라고 문을 두드리고 있다".[8] 이건 사실 계획된 바이기도 하다. 예를 들면, 중국은 이제 '세계의 공장'이라는 지위에 만족하지 않는다. 중국은 험난한 국제 무역 관계 속에서 불확실한 미래에 대비하기 위해서라도 내수 성장에 무게를 두고 있

우리가 살 수 없는 미래

다. 즉 노동자를 소비자로 변화시키고자 한다.[9]

당연한 소리지만 전 세계인의 생활수준을 미국인 기준으로 향상시키는 데에만 목표를 두고 미국인들의 기준을 낮추지 않는다면 연간 이산화탄소 배출량은 1인당 20톤으로 불어날 것이다. 현재 세계 평균보다 네 배 많은 수치다.[10] 미국인으로 가득한 세상에서 시민들이 풍족한 생활을 영위하게 하려면 지구 같은 행성이 네댓 개는 필요할 것이다. 지구 위에 지구를 포갠 우스꽝스러운 이미지는 지구를 겹겹이 에워싼 하늘들을 그린 중세의 지도만큼이나 얼토당토않으며 '허술하다'라는 말의 진정한 의미를 다시금 일깨워준다.

인류가 석유를 발견하고 첫 1조 배럴을 소비할 때까지 걸린 기간은 수천 년이다. 하지만 그다음 1조 배럴을 탕진할 때까지는 고작 30년이 걸릴 것으로 예상된다. 석유가 만들어지기까지 수백만 년의 시간이 걸린 것을 생각하면 지질학적으로 정말 눈 깜짝할 순간에 불과하다. 한 전문가는 채굴 가능한 석유가 "넉넉히 계산하더라도" 아마 한 세기 분량 정도 남아 있을 거라고 내게 말했고,[11] BP*의 보고서에 따르면 현재 확인된

---

* 영국 기업으로 '브리티시 페트롤리엄'이라고도 불리며, 미국 엑손모빌에 이어 세계 2위의 석유 회사다.

매장량으로는 반세기 정도 버틸 수 있다.[12] 설령 인류가 '석유 문제'를 당장 내일 해결하고 대체에너지를 활용하는 방향으로 나아간다고 해도 여전히 우리는 민둥산, 노천 광산, 오염된 바다를 둘러보며 훨씬 커다란 실존적 딜레마를 마주해야 한다. 대체 어떻게 해야 인간이 세상을 파괴하는 것을 막을까? 우리는 세상을 불사르거나 내팽개치도록 프로그래밍된 존재처럼 보인다. 꼭 인간의 본성 탓이 아니라면 인간 본성을 능숙하게 조종하는 기업에 의해.

그 대미를 장식하는 건 분주하다 못해 지구의 기온을 높이는 소비 활동이다. 나는 기록상 가장 더운 10년, 그중에서도 가장 더운 해에 이 글을 쓰고 있다(가장 눈부신 해이기도 했다. 매년 우리는 밤하늘을 2퍼센트씩 점점 밝게 물들인다[13]). 테티스해를 덮었던 대규모 플랑크톤 떼는 독성을 지닌 남조류로 환생해서 맨해튼보다 넓은 영역을 녹조로 메운다. 남조류는 따뜻하게 데워진 물에서 번성하며 독성 물질을 분비해서 수많은 동물의 떼죽음을 일으킨다.[14] 어느새 이런 재앙은 단골 뉴스거리가 되었다. 최신 뉴스들만 훑어봐도 높아진 기온 때문에 면적이 몰타섬에 맞먹는 약 300제곱킬로미터의 큰 빙산이 남극 대륙의 서쪽 끝에서 떨어져나갔다는 헤드라인이 눈에 띈다. 섭씨 18.3도까지 치솟은, 남극 기록상 가장 더운 날이 막 지나고 나서였다[15](같은 날 로스앤젤레스에서 관측된 온도와 같다). 새로운 연구에 따르면 해수면 상승으로 21세기가 끝나기 전에 적어도 1억 9000만 명, 최대 6억 명이 집을 잃을 것이라고 한다.[16] 이 글을 쓰는 동안에도 재앙과 같은 가뭄과 산불이 호주를 집어삼켜서 650만 헥타르를 태워버리더니[17] 어느덧 계절이 바뀌고 홍수가 나서 이번에는 600밀리미터가량의 물이 가뭄으로 갈라진 땅을 휩쓸고 지나갔다.[18] 전문가들은 이를 '복합 극한 현상'*이라고 부른다.[19] 이 산불로 죽은 동물은 무려 수십억 마리에 달한다. 이 가운데는 사진발 잘 받는 코알라와 왈라비, 캥거루 같은 동물도 있지만, 인기가 덜해서 관심도 덜 받은 각종 설치류와 파충류, 개구리도 있었다.

그중 놀랄 만하거나 이례적인 일은 없다. 홀로세** 멸종은 현재도 진행 중이라서 앞으로 수십 년 안에 대략 100만 종의 생물이 인간 활동으로 멸종할 것이다.[20] 레이첼 카슨Rachel Carson이 《침묵의 봄》을 발표한 1962년 이후 북아메리카 하늘에서

---

* 폭염과 홍수 등 극단적인 기상 현상이 동시다발적으로 발생하는 상황.

** 마지막 빙하기가 끝나면서 지구가 따뜻해진 1만 1700년 전부터 현재까지의 지질 시대를 일컫는다. 일부 학자들은 홀로세 중에서도 지구 환경에 대한 인류의 영향력이 부쩍 커진 시점부터 따로 떼어내서 인류세라고 불러야 한다고 주장하기도 한다.

30억 마리의 새가 사라졌다. 북미 대륙 전역의 새 가운데 4분의 1이 넘는다.[21] 들종다리와 콜린메추라기의 절반, 세가락도요와 물떼새의 3분의 1, 참새 5000만 마리, 되새 5000만 마리, 검은 새 5000만 마리를 비롯해 제비와 지빠귀, 찌르레기 등이 수백만 마리씩 하늘에서 지워지면서 텅 빈 거대한 파란 공간만을 남겼다. 내가 방문했던 쓰레기 매립지 위를 덮은 허공처럼. 그곳 직원들은 매사냥꾼이 겁을 주어 갈매기를 쫓아냈기 때문이라 했지만 어쩌면 사라진 새들은 그저 사라진 것인지도 모른다. 강력하고 무자비하며 특권적인 위치에 있는 수리들만이 살아남아서 음식 찌꺼기를 뒤졌던 것이었을지도.

비웃음당한 보고서

물론 인류는 경고를 들었다.

1972년에 MIT 연구팀은 "성장의 한계"란 제목의 획기적인 보고서를 내놓았다. 이 보고서는 새로운 컴퓨터 모델을 활용하여 2072년 이전에 인류는 자원의 한계에 맞닥뜨릴 것이고 "통제 불가능할 정도로 인구가 급감하고 산업 능력이 급락할"[22] 것이라고 했다. 경제성장을 우선시하는 문화 탓에 한 세기가 지난 뒤에 인류는 자본주의가 고갈시킨 자원을 싹싹 긁어모으고 있을 것이다. 보고서에 그렇게까지 새로운 내용은 없다. 그 옛날의 아리스토텔레스조차도 사회가 동식물처럼 성숙해진 뒤에는 정체기에 이른다는 사실을 알아챘다(계속 걷잡을 수 없이 성장하는 건 '번영'이 아니라 암이다). 〈성장의 한계〉에 새롭게 덧붙여진 것은 반박할 수 없는 권위(다양한 분야를 대표하는 10여 명의 전문가로 이루어진 팀)와 광범위한 데이터다.

보고서는 장기간의 인구 변화, 산업화, 오염, 식량 생산, 자원 고갈을 길고 넓은 안목으로 평가하고 전례 없이 세분화했다. 그러자 단순하고 냉혹한 현실이 분명하게 드러났다. 인류 스스로가 크게 제한하지 않으면 전 지구적 재앙이 발생할 것이다. 지속 가능한 미래, 즉 사람들의 기본 욕구가 충족되고 우리가 아는 문명이 존속되는 미래는 분명 가능했다. 하지만 근본적인 변화 없이 한 해 한 해가 지나면서 이런 행복한 결말이 실현될 가능성은 점차 낮아졌다. 만약 인류가 자발적으로 제한하지 않고 지구가 수용 한계를 넘어선다면 광범위한 기근과 산업의 몰락으로 인해 인구는 적정한 수로 강제 조절될 것이다. 그런 재앙을 피하려면 사망률에 맞게 출생률을 낮추고, 재화 생산에 쓰이던 자본을 다른 곳으로 돌리고, 미국 같은 부유한 국가의 평균 소득을 반으로 줄이고(반면 세계 시민의 평균 소득은 세 배로 늘리고), 자원 소비량을 크게 제한해야 한다. 〈성장의 한계〉 저자들은 "역사상 이런 접근법을 시도한 선례가 없다"[23]면서 자신들이 요구하는 것과 같은 대규모 사회 변화, 즉 탈성장을 향한 전환은 불가능에 가까워 보인다고 인정했다. 그건 "인류가 독창성과 유연성, 자제력을 쥐어짜도록 무거운 부담을 지울 것"[24]이다. 행동에 나서지 않으면 재앙이 닥칠 것이 불 보듯 뻔하지 않았다면 그들은 이런 변화를 제안하지 않았을 것이다.

많은 사람이 보고서를 비웃었다. 지나치게 단순한 데다가 인류를 위기에서 벗어나게 해줄 놀라운 기술 발전은 배제했다는 것이다. 맬서스*적 숙명론은 천연자원 없이 굴러가는 '탈물질화'된 경제를 이해하지 못하는 투덜이들이나 믿을 법한 이야기니까. 옥스퍼드대학교의 경제학자인 윌프레드 베커먼Wilfred Beckerman은 제약이 가해질 미래를 거부하는 사람들을 대신해 목소리를 냈다. "성장을 정책 목표로 삼지 않는다면 민주주의 역시 포기해야 합니다. 환경적 측면에서 '성장의 대가'가 무엇이든(아마 무시해도 될 정도로 작은 대가일 테지만), 정치적, 사회적 변혁의 측면에서 의도적 탈성장에 따르는 대가는 천문학적일 것입니다."[25] 그러나 21세기에 들어서자 〈성장의 한계〉

---

* 《인구론》의 저자로, 인구가 증가하는 속도를 식량이 증가하는 속도가 따라잡을 수 없기에 인구 증가를 자발적으로 억제하지 않으면 결국에는 기아, 전쟁, 질병 등 외부 요인으로 인구가 감소할 거라는 주장을 폈다.

우리가 살 수 없는 미래

저자들이 훨씬 선견지명 있어 보이기 시작했다. 밀레니엄 전환기에 조지 W. 부시 대통령의 에너지 고문이었던 경제학자 매슈 시먼스Matthew Simmons는 다음과 같이 인정했다. "지금 보면 [그들이] 옳았습니다. 우리는 이 보고서를 무시하면서 30년을 그냥 낭비했습니다."[26]

나는 〈성장의 한계〉를 공동 집필한 요르겐 랜더스Jørgen Randers를 찾아갔다. 랜더스는 노르웨이의 자택에서 가족과 바비큐 파티를 마치고 막 실내로 들어온 참이었다. 이맛살을 깊게 찌푸린 채였고 은백색 머리칼은 매끈하게 정돈되어 있었다. "모두 엉망진창으로 내버려두고 가다니." 그가 툴툴거렸다.

랜더스는 인류가 한창 풍요와 번영을 구가하던 20세기 중반부터 수십 년간 탈성장을 주장했다. 이제 그는 인내심이 바닥날 지경이었다. 우리는 이야기를 길게 나누었다. 반쯤은 대화이고 반쯤은 강의였다. 당시 74세였던 랜더스는 대체로 질문을 받기보다는 오히려 내게 질문하는 것을 더 좋아했다 (나이와 학력이 어떻게 됩니까? 목소리를 들으니 아일랜드계인 듯싶습니다만). 나는 인구통계학적으로 하나의 표본이 된 듯했다. 랜더스는 대화를 계속하기 전에 내가 어떤 집단에 속하는지 가늠해보아야 한다고 느낀 것 같았다. 마침내 대화가 진행되었고, 나는 그에게 보고서가 불러온 결과에 대해 물었다.

그는 수십 년간 "완전히 헛된 논의"만 계속되어왔다고 했다. 〈성장의 한계〉는 종말의 날을 예언하는 것이 아니기에 인류가 끝장나리라고 호언장담하지는 않는다. 그럼에도 자원이 한정된 행성에서 멈추지 않고 성장하려는 시도는 말도 되지 않는다는 단순하지만 대담한 주장으로 엄청난 논란을 불러일으켰다. 사회과학 계열의 총아인 세계 거시경제학자들은 보고서가 자기들의 전문 영역을 침범했다고 느끼고는 그 내용에 주목했다(그리고 분노했다). 랜더스의 팀은 인구 규모나 석유 매장량 등 물리적 세계의 한계에 초점을 맞췄으나 거시경제학자들은 이들이 GDP의 지속적 성장에 강력히 반대하는 것은 아닌지 우려했다. 그건 그들이 받아들일 수 없는 주장이었다. 따라서 그들은 〈성장의 한계〉가 헛소리라고 주장했다. 심지어 보고서의 저자들을 고용한 MIT에 배신자들을 쫓아내라고 요구하기도 했다. 한편 개발도상국 지도자들은 그 보고서가 부유한 백인 남성이 개발도상국에 보내는 메시지라고 여겼다. 가난한 국가들이 소비문화 대열에 참여하는 것을 방해하려는 메시지 말이다(그들이 보기에 가난에서 벗어나려면 성장이 반드시 필요했다. 성장을 제한해야 한다는 말은 곧 삶에 제한을 가하겠다는 말이었다). 비평가와 무기력한 관료조직에 차례로 시달리던 랜더스는 자신의 메시지가 가로막히고 오해받고 무시당하고 왜곡

　　　　　　　　　　　　　　　우리가 살 수 없는 미래

되는 것을 보았다. 그래서 거의 반세기가 지난 시점에 나는 그에게 최대한 간략하게 논지를 말해달라고 부탁했다.

"자원이 한정된 행성에서 인간의 생태 발자국*을 무한정 키울 수 있을까요? 절대 그렇지 않지요. 그리고 우리는 또 한 가지를 제시해줍니다."

"뭔가요?"

"우리가 생태 발자국을 더 키우고, 자원을 더 많이 쓰고, 환경을 더 오염시킨다고 하더라도, 지구를 한계 이상으로 밀어붙이더라도 한동안은 승승장구할 겁니다. 대략 30년 정도는. 그러고 나서는 어머니 자연에 의해 강제로 밀려나게 되겠지요." 나는 유리잔이 넘치기 직전까지 물이 불안하게 불어나는 장면을 상상했다.

랜더스는 숙명론자가 아니다. 그는 숫자를 신뢰하지만, 변화가 가능하고 미래는 현재에 달려 있다는 믿음도 품고 있다. 그래서 랜더스는 한 가지 중요한 변화를 지지한다. 이제는 GDP나 소비보다 삶의 질에 가치를 두어야 한다는 신념에 기초한 변화다. 그래서 그는 '웰빙 지수'를 고안했다. 그리고 이

---

* 인간이 살아가는 데 필요한 자원을 생산하고 폐기하는 데 드는 비용을 땅의 크기로 환산해서 나타낸 값이다. 생태 발자국이 클수록 자연에 크게 해를 끼친다는 뜻이다.

지수를 통해 한 나라가 국민 다수의 필요를 충족해주는지 아닌지를 판단한다. 이 지수는 다섯 항목으로 구성되었다. 세후소득, 1인당 정부지출, 소득 형평성, 환경의 질, 그리고 희망이다.[27]

"희망이요?" 내가 물었다. "희망이라니, 무슨 뜻이죠?"

"희망은 기후변화의 정반대지요. 기온이 올라갈수록 우리 아이들과 손주들이 평화롭고 쾌적한 삶을 누리리라는 희망은 낮아집니다."

랜더스의 웰빙 지수는 단순해 보일지 모르지만(깨끗하고 공정하고 희망 찬 미래는 누가 봐도 훌륭한 목표다) 우리는 여전히 이런 목표보다는 주로 GDP 성장을 위해 분투한다. 여론 조사 결과를 보면 국민 대다수는 (특히 위기 시에) 정부가 삶의 질과 행복에 중점을 두기 바라지만, 정책 입안자들은 여전히 '성장'에 집착한다.[28] 그러나 거시경제학자들이 그렇게나 좋아하고 정치인들이 태평성대의 증거로서 그토록 치켜세우는 '성장'은 빈곤층과 중산층에게까지 그 열매가 돌아가지 않을 수도 있다. 한 나라의 GDP는 소수의 집권층이 부를 독점하고 있을 때조차 숫자상으로는 매우 건전해 보일 수 있다. 랜더스는 말했다. "1970년 이래 미국의 1인당 GDP는 두 배로 늘어났지만, 부유층이 경제성장의 열매를 전부 가져갔습니다."

그가 인류를 얼마나 믿고 있는지 궁금했다. 인류는 자기가 만든 쓰레기 매립지에서 스러져갈 운명인 걸까? 예를 들면 랜더스는 유명한 환경운동가인 그레타 툰베리Greta Thunberg를 공식적으로 지지한다. 그레타가 중심이 되었던 시위들에는 150개국 사람들이 참가해, 기후변화를 막기 위한 행동을 촉구했다. 나도 그런 시위에 참여해 행진했다. 그곳에서 일곱 살난 내 조카가 작은 손에 플래카드를 들고 돌아다니는 모습도 보았다. 하지만 행동을 촉구하는 것과 행동을 만들어내는 것은 다르다. 최근 수십 년간 기후를 둘러싼 합의가 여러 차례 있었지만(파리기후협약 외에도 교토의정서와 코펜하겐합의가 있었다), 대기 중의 이산화탄소 농도는 억제되지 않았다. 그렇기는 커녕 2020년에 인류 역사상 최고점인 415ppm에 도달했다. 산업화 이전보다 48퍼센트 상승한 수치다(이산화탄소 수치가 이 정도로 높았던 마지막 시기는 300만 년 전이었고 이때 해수면은 지금보다 15~25미터 높았다).[29] "나는 마음속으로……." 랜더스는 자신의 머릿속에 떠오른 생각을 마저 들려주지 않고 대신 이렇게 말했다. "내가 아직 젊었던 1970년대에 젊은이들이 들고일어나는 장면을 보았습니다. 우리는 지구의 날을 만들었지요. 그러고는 1990년대에 다시 자연보호운동이 커가는 모습을 보았습니다. 그리고 이제 그런 일이 또다시 반복되는군요……."

나는 변화를 부르짖고 수십 년간 싸우면서 인류가 여태껏 만들어낸 이야기 중 세상을 가장 좀먹는, 소비와 자원 축적을 부추기는 이야기가 매번 승리하는 상황을 지켜보는 것이 어떤 기분일지 생각해보았다. 무관심한 대중에게 진실을 알고 예언을 하는 기분이 어떨까? 또 카산드라*처럼 얼토당토않게 무시당하는 기분은 어떨까? 그레타 툰베리 세대가 자극을 받고 의미 있는 변화를 위해 행동에 나설 수도, 앞으로 수십 년간 이 의제를 이끌 진보적 지도자를 선출할 수도 있겠지만, 랜더스는 인류 전체에, 그리고 지긋지긋한 하나의 이야기만을 고집스럽게 믿는 인류의 근시안적 태도에 이미 실망한 듯했다.

랜더스는 숨을 들이쉬면서 가래 끓는 소리를 냈다. 그 소리는 그가 자신이 예견한 미래를 보기에는 너무 나이 들었다는 사실을 새삼 상기시켜주었다. "요즘 젊은이들이 자신들의 손으로 자신들의 미래를 망가뜨리고 있다는 사실을 알았으면 합니다."

---

* 트로이의 공주로서 태양의 신 아폴론에게 뛰어난 예언 능력을 받았다. 하지만 이내 사랑을 거부당한 아폴론이 저주를 내렸기에 아무도 그녀의 예언을 믿지 않았다고 한다.

성장 중독에 빠진 사회

나는 친구들에게 GDP가 무엇이라고 생각하는지 물어보았다. 대답은 이랬다.

"경제 상황이 얼마나 좋은지를 나타내잖아."

"우리가 얼마나 부유한지를 말해주지."

"나라의 전반적인 행복 수준을 알려줘."

사실 GDP는 단순히 한 국가가 특정한 해에 생산한 모든 재화와 용역의 가치를 돈으로 환산한 것이다. GDP가 증가하면 경제 규모가 팽창하고 GDP가 감소하면 경제 규모가 축소된다고들 한다. 이 지표가 20세기의 중대한 평가 기준이 되고 국가의 건전성을 대표하게 되었다는 사실은 소비자 신화의 지배력이 얼마나 강한지 보여주는 증거다. 우리는 GDP 성장만이 유일한 성장이라고 배웠다. 하지만 1937년 미 의회에 보고서를 내기 위해 국민소득계정을 개발한 노벨경제학상 수상자 사이먼 쿠즈네츠Simon Kuznets는 이 수치로는 국민이 느끼는 삶의 질을 측정할 수 없다고 분명히 말했다. 보고서에서 쿠즈네츠는 이런 평가 기준에 기초해서 "한 국가의 행복 수준을 추정하기란 매우 어렵다"는 사실을 의회에 거듭 강조했다. 몇 해 뒤에 그는 한 발 더 나아가 이렇게 말했다. "성장의 양과 질, 비용과 이익, 단기와 장기를 구분해 생각해야 합니다…… '더'

성장하겠다는 목표를 세웠다면 무엇을 성장시키고 왜 성장시켜야 하는지 구체적으로 명시해야 합니다."[31] 쿠즈네츠는 한 나라가 단순히 군국화하더라도 GDP를 많이 증가시킬 수 있다는 사실을 한탄했다. 성장이라고 모두 같지는 않다.

전 세계 GDP는 20세기 중반보다 몇 배 늘어났으며, 이런 변화는 개발도상국이 극빈 상태에서 벗어난 결과로 여겨진다. 하지만 랜더스가 지적했듯이 미국처럼 부유한 국가에서는 GDP가 상승한다고 해도 평범한 시민이 누리는 삶의 질이 꼭 개선되지는 않는다. 이제 GDP는 사회의 건전성을 측정하기보다는 부유층에게만 이득을 안겨주는 소비문화의 측정 수단이 되어버렸다. 이 사실은 우리 모두의 삶이 달린 지구를 병들게 하는 고삐 풀린 소비 행태에서 가장 적나라하게 드러난다. 파리협약을 지키지 못한다면 몇몇 사람의 주머니는 불리겠지만 대기 오염 하나만으로 연간 수백만 명이 희생될 것이다.[32] 그리고 나면 급상승한 경기가 악화시킨 기후변화는 아이러니하게도 경제 전반을 위험에 빠뜨릴 것이다. 예를 들면, 2018년에 트럼프 행정부가 환경 규제를 철폐하기 위해 지치지도 않고 애쓰는 동안 13개 연방정부 기관은 기후변화로 금세기 말까지 미국 GDP가 최대 10퍼센트 하락할 것이라고 경고하는 합동 보고서를 내놓았다[33](우리가 스스로 제한하지 않으면 강제로 제한이 가해지리라는 사실을 다시금 일깨워준다). 한편 허리케인은 기후 변화로 더 강력해져서[34] 이제는 매번 1000억 달러 이상의 손해를 끼치기도 한다. 폭염으로 수만 명이 병원 신세를 지면서 이미 한계에 이른 의료 체계에 부담을 가중하고 있다. 정부 자금을 지원받는 싱크탱크의 예측에 따르면, 내가 사는 캐나다의 경우 2050년 무렵이면 기후변화에 의한 피해로 연간 210~430억 달러를 지출해야 할 것이라고 한다.[35] 이코노미스트 인텔리전스 유닛Economist Intelligence Unit[*]은 높아진 기온 탓에 세계 경제가 축소되리라고 예측했다.[36]

많은 경제학자와 정치인이 더욱 완강한 자세로 성장만이 나아갈 길이라고 주장한다. 그들은 인류가 지구를 파괴하지 않으면서 경제를 계속 성장시킬 수 있다고 주장한다. 그리고 기술 발전 덕분에 성상을 거듭하면서도 탄소 배출은 서서히 줄어들 것이라고 약속한다. 하지만 제번스의 역설(19세기 경제학자인 윌리엄 스탠리 제번스William Stanley Jevons의 이름에서 따온 용어다)은 자원 사용의 효율성을 높일 돌파구를 찾는다고 하더라도 그 결과로 소비자의 수요가 늘어나기 때문에 이점이 상쇄된다고 지적한다.[37] 석유, 구리, 목재를 더 효율적으로 사용하

---

[*] 영국의 시사 경제 주간지인 〈이코노미스트〉 산하의 연구 분석 기관.

게 되면 우리는 소비의 기준을 높여서 환경에 돌아갔을 긍정적 영향을 무효화해버린다(예를 들면, 과거보다 냉장고의 에너지 효율이 높아졌지만 대신 크기가 두 배 커졌다). 이 역설은 세계적 규모로 펼쳐진다. 효율성이 놀랍도록 커졌음에도 전 세계의 기온 상승을 산업화 이전 대비 1.5도나 2도로 제한하려는 파리협약은 지켜지지 못하고 있다. 유엔 보고에 따르면 기온 상승을 2도 아래로 유지하기 위한 양보다 50퍼센트 많은 화석연료가 생산되고 있으며 1.5도 아래로 유지하기 위한 양보다는 120퍼센트 많이 생산되고 있다.[38] 우리는 아직 이 재앙에서 벗어날 방법을 찾아내지 못했다.

재생가능에너지는 희망을 주긴 하지만 아직 걸음마 단계인 데다가 부분적 해결책에 불과하다. 전 세계에서 쓰이는 에너지의 84퍼센트가 여전히 화석연료에서 나온다.[39, 40] 그리고 제번스의 역설에 따라 향후 수십 년간 늘어날 에너지 수요는 재생가능에너지의 증가량을 뛰어넘을 것으로 예상된다.[41] 옥스퍼드대학교 경제학자인 케이트 레이워스Kate Raworth에 따르면, 끝없는 성장에 대한 중독은 "지구가 감당할 수 있을 만큼 자원 사용량을 대폭 줄이는 것과 떼어놓을 수 없는 주제"다.[42]

탈물질화된 미래를 만들려는 계획에 숨겨진 지극히 물질적인 비용에 관해서 조목조목 설명이 따라붙어야 한다. 우리가 소비하는 것들에 어떤 비용이 들어가는지 대개 언급되지 않는다. 예를 들면 재료 추출과 운송에 드는 화석연료 같은 것들 말이다. 사실 20세기는 쓰레기를 눈에 띄지 않게 만들려는 하나의 기나긴 실험이었다. 인류는 매립지를 꽃으로 덮는다. 하지만 그러더라도 자신이 소비할 물건을 만들 재료를 모두 들고 가야 한다면 우리는 매주 물건이 가득한 쇼핑백 300개씩을 추가로 짊어진 채로 귀가해야 할 것이다.[43]

심지어 '클라우드'와 같이 실체가 없는 곳에서 나온 척하는 디지털 상품조차 비난을 피할 수 없다. 유튜브에서 제공하는 인기 영상을 예로 들어보자. 2017년에 히트한 〈데스파시토〉 뮤직비디오는 첫해에 조회수 50억을 달성했다. 이런 속도라면 이 동영상이 소비한 에너지는 미국 내 4만 가구가 사용하는 에너지양과 맞먹는다.[44,45] 빠져나갈 길을 찾았다고, 물질적 한계를 극복했다고 생각할 때마다 예상치 못한 비용이 우리를 덮친다.

랜더스는 인류가 티핑 포인트, 즉 급변점에 다다르면 기본적인 자연법칙에 따라 어쩔 수 없이 탈성장으로 향할 수밖에 없다고 장담했다. 그는 인간이 자기 나름의 균형 상태를 만들어내지 못하면 인간의 법보다 상위에 있는 자연법칙에 끌려다니게 될 거라고 경고했다. 그렇게 되면 우리는 생각 없이 흥청망청 소비하는 일이라곤 없는 삶이 무엇인지 원치 않아도 알게 될 테고, 그간 현실로 착각해온 이야기를 원치 않아도 버려야 할 것이다.

하지만 우리가 마주한 재앙에도 실낱같은 희망은 남아 있다. 인류가 20세기를 지배한 이야기를 버리면서 결국에는 21세기에 맞는 이야기를 발견해낼 가능성이 있기 때문이다. 2019년 노벨경제학상을 받은 직후 아비지트 배너지Abhijit Banerjee는 분명하게 말했다. "더 인간적인 세계를 만들지 못하게 막는 경제 철칙은 없습니다."[46] 그리고 그의 주장을 증명하듯이 같은 해에 뉴질랜드 정부는 더 이상 GDP를 이정표로 삼지 않겠다고 발표했다. 그 자리는 행복지수(시민들이 누리는 삶의 질로 성과를 측정하는 지수)가 대신할 것이다.[47] 자금이 즉각 주거 안정 프로그램과 폭력 피해자 지원에 흘러 들어갔다. 영원한 성장, 영원한 소비라는 개념은 다시 쓰일 수 있는, 그리고 다시 쓰여야 하는 소설에 불과하다.

툰베리의 시위에 참여하기 위해 600만 명이 거리로 나왔을 때 우리는 변화의 가능성을 보았다. 그리고 코로나19로 세계가 문을 닫아걸었을 때 다시 한번 그 가능성을 보았다. 우리는 이런 결정적인 순간에 실현 가능성은 작지만 인류에게 꼭 필요한 것, 즉 다른 이야기들의 등장을 목격한다.

세계 인구는 21세기에 정점을 찍을 것으로 예상되고 (90~110억 명 사이), 그런 뒤에 정체되거나 오히려 줄어들 것이다.[48,49] 새로운 기술이 인구가 줄어드는 와중에도 경제를 떠받쳐줄까? 그럴 수도 있다. 하지만 그렇다 하더라도 우리는 자원이 한정된 행성 안에서의 무한한 성장이라는 실존적 수학 문제를 풀어내야 한다.

현재처럼 불안정한 시기에 도덕적이고 강인하고 행복하고 의미 있는 삶이 어떤 모습을 띠어야 할지 다시 그려보면서 우리는 얼마만큼의 품위를 발휘할 수 있을까? 인류가 최악의 기후변화를 늦추는 데 실패하고 있는 데다가 앞으로 닥칠 몇 년은 감당하기 벅찬 전환의 시기일 것이므로 우리 삶을 평가할 새로운 방법을 반드시 모색해야 한다. 무엇이 인생을 살 만하게 만드는지 자기 자신에게 들려주는 이야기는 앞으로 나아가게 힘을 주는 원동력, 즉 희망이자 활력소이기에 매우 중요하다.

새로운 이야기가 모습을 드러낸다. 그 이야기를 하는 것은 우리 자신일 수도 허리케인일 수도 있다.

3장

브레이크가 고장 난 도파민 시스템

All
We Want

깊이가 가늠되지 않는 엄청난 욕망을 짊어지고서 우리는 신발과 각종 기기 그리고 립스틱을 쟁여놓는다. 모으고 차지하고 얻으려는 채워지지 않는 욕구를 똑같이 지닌 채로. 그러면서 우리는 점점 어딘가로 향한다. 하지만 대체 어디로 향하는 걸까?

내 머릿속에 보글보글 피어나는 욕구를 화학작용으로 표현하면 이렇다.

　햄버거든 현금 다발이든 멋진 집이든 내게 신호만 보여주면 자극에 목마른 중뇌는 신경전달물질인 도파민을 분비한다. 도파민은 전부 '원한다'는 메시지를 지닌 채 중뇌변연계 경로를 타고서 전뇌 기저부에 있는 기댐핵으로 간다. 그곳에 도달한 도파민은 그것들의 중요성을 내게 인식시키고서 탐욕스럽게 행동하도록 몰아간다. 햄버거를 먹고, 현금을 훔치고, 구매해라…… 그게 무엇이든. 이 각본에서 도파민의 역할은 간단하다. 미래 자원을 최대화하고 장애물을 뛰어넘도록 동기를 부여한다. 당장 저 빅맥을 차지해라!

　신경전달물질이나 **중뇌변연계** 같은 단어를 사용한 설명에 못마땅한 한편 차분해졌다. 못마땅한 이유는 사람들이 대개 그렇듯이 무언가 사려는 충동이 한낱 화학물질의 작용이었다고 생각하고 싶지 않아서였다. 나를 추동하는 힘이 도파민 한 방울보다는 나은 것이기를 바랐다. 차분해진 이유는 이런 식으로 생각하면 달리 변명의 여지가 없는 욕구에 대해 책임감을 덜 수 있기 때문이다. 내게 자유의지가 있다고 믿고 싶은 만큼이나 내가 지금처럼 많이 소비할 수밖에 없다고도 믿고 싶었다.

이런 숙명론을 뒷받침하는 반박하기 힘든 주장이 있다. 다른 동물과 비교하면 인간 뇌에서 작용하는 도파민의 양은 놀라울 정도로 많다. 연구자들은 그런 이유로 인간이 얻을 수 있는 것보다 훨씬 많은 것을 갈망한다고 본다. 도파민 수치로 순위를 매겼을 경우 인간 다음은 (오랑우탄이나 돌고래가 아니라) 큰까마귀다.[1] 큰까마귀가 부지런한 이유가 이로써 설명된다. 예를 들면 쓰레기통 안의 음식이 먹고 싶은 까마귀는 쓰레기통을 뒤집어엎기 위해서 몇 단계에 걸친 과정을 밟으며 참을성 있게 도구를 만든다. 높은 도파민 수치는 사냥개처럼(아니, 까마귀처럼) 끈질긴 욕구를 불어넣는다.

물론, 동물은 모두 나름의 욕구를 지닌다. 동물이라면 먹이, 짝짓기, 비바람 피할 곳을 원하기 마련이다. 이런 것들을 차지하려는 과정에서 흉포해지기도 한다. 하지만 인간은 얻기 힘든 것, 심지어 불가능한 것을 열망한다. 인간의 갈망은 끝이 없고 추상적이기까지 하다.

도파민은 소비문화가 속삭이는 이야기에 빠져들게 한다. 도파민은 언제나 다음에 수집할 자원, 어떤 보물이 있다고 믿도록 밑 작업을 한다. 그리고 소비하고자 하는 원초적 본능에 기름을 끼얹는다.

100만 년 동안 변하지 않은 시스템

어쩌다가 도파민이 우리를 지배하게 되었을까? 한 가지 이론이 있다.

200만 년 전 우리 조상은 다른 동물보다 작고 약했다. 심지어 그들의 다리로는 전속력으로 달리는 짐승을 따라갈 수도 없었다. 초기 인류는 커다란 짐승을 사냥할 때나 귀한 동물의 사체를 찾아 헤맬 때 그다지 운이 좋지 않았을 것이다. 하지만 우리 조상에게는 한 가지 독특한 이점이 있었다. 바로 땀을 많이 흘리는 능력이었다. 조상들은 땀을 흘림으로써 체온을 조절할 수 있었다. 처음에는 사냥감이 쉽게 앞서나갔고 추격은 때로 몇 시간 동안 계속되었다. 정오의 태양열에 바짝 타들어 가는 사바나라고 해도 예외는 아니었다. 결국 다른 동물들은 더위에 지쳐 쓰러졌고 우리 조상들은 그저 천천히 달려가서 사냥감을 죽이면 그만이었다. 땀 덕분에 오래 사냥할 수 있고 한낮에도 동물 사체를 찾으러 다닐 수 있었기에 판도가 바뀌었다.[2]

그런데 땀은 다른 예상치 못한 결과를 불러왔다. 바로 도파민 수치의 변화였다. 도파민은 여러 역할을 한다. 일반적으로 도파민은 욕망을 일으키는 것으로 알려져 있지만 부업으로 신체의 냉각 시스템에서도 작동한다. 빠르게 체온조절을 하려면 도파민 시스템이 확장되어야만 한다. 이는 우리 조상들이 땀을 쏟는 능력을 얻었을 때 덤으로 뇌 속의 도파민 수치도 크게 늘어났을 거라는 의미다.[3,4] 우리는 땀을 흘리기 시작하면서 전에 없이 강도 높게 자원을 찾아다닐 수 있게 되었다. 땀을 뻘뻘 흘리게 해준 도파민은 추진력도 강화했다. 새로운 자원 수집 능력은 만족이 아니라 더 큰 욕망을 불러왔다(당연하게도 진화 과정에서 이 시기쯤에 인류는 처음으로 석기를 만들었다). 한마디로 인간의 욕망은 새로운 가능성에 맞춰서 커지는 경향이 있음이 화학적으로 증명된 것이다.

어느 날 오후 나는 도파민 연구에 전념한 대니얼 Z. 리버먼Daniel Z. Lieberman 교수와 이 문제에 대해 이야기했다. 리버먼은 조지워싱턴대학교에 있는 자신의 연구실에 앉아 있었다. 연구실 벽에는 열대 바다의 풍경이 담긴 사진이랑 리버먼의 신간 표지가 박힌 포스터가 보였다. 표지는 인간의 뇌를 꽃다발로 표현해놓았고, 책 제목은 그가 도파민에 붙인 별명인 "더 많은 걸 갈구하는 분자The Molecule of More"*였다. 리버먼은 잘 웃고 다정했으며 대화하기 즐거운 사람이었다. 그에게는 정신의학자다운 호기심과 교수다운 방대한 지식을 결합하는 재주가 있었다. 그가 말하는 동안 도파민의 작용 원리와 진화적 필요성이 머릿속에서 짜 맞춰졌다. (적어도 내게) 이해가 가지 않은 부분은 어떻게 이런 충동이 현대의 삶에 적합하다고 생각하는지였다.

"잠시만요." 내가 끼어들었다. "미국인은 작년에 옷을 평균 66벌 샀어요.⁵ 사냥 충동이 우리를 이렇게 만들었다고요. 브레이크가 왜 작동하지 않는 거죠?"

"아, 그렇죠. 우리 대다수는 이미 음식과 주거를 비롯해 필요한 것은 무엇이든 구할 수 있지요. 그래서 우리 도파민 시스템은 다른 욕망의 대상을 정신없이 찾아다니는 겁니다."

"생명 활동이…… 문화에 장악당한 건가요?"

"바로 그겁니다. 진화로 생명체의 몸이 변화한 속도와 문

---

*   한국에서는 "도파민형 인간"이라는 제목으로 출간되었다.

화를 통한 자원에의 접근 속도는 크게 차이 났습니다. 아시다 시피 문화는 100년 만에도 급격하게 변하지만, 그 기간에 진화를 이끌어내는 것은 어림도 없는 일이지요." 사실 인간의 도파민 시스템은 지난 100만 년간 본질적으로 변하지 않았다. 어느 과학자에 따르면 도파민 시스템의 뿌리는 6억 년 전 살았던, 인류와 랍스터와 딱정벌레의 공통 조상에게까지 거슬러 올라간다. 즉 부유한 국가에 사는 사람들은 물건이 들어찬 마트에서 반짝이는 진열대 사이를 천천히 거닐고 있을지라도 진화적 관점에서는 여전히 자원이 희소했던 까마득한 옛날에 머물러 있다는 말이다.

금붕어는 내버려두면 배가 터질 때까지 먹을 것이라고들 한다. 진화 과정에서 '충분한 환경'이었던 때가 없으므로 '충분하다'라는 개념이 금붕어의 DNA 속에 심어질 이유도 없었다. 그런데 인간에게 심어진 프로그램에도 비슷한 문제가 있다는 사실을 발견해내고는 많은 기업이 상품을 개선하기보다는 도파민 회로를 활성화하는 데 열을 올리고 있다. 돈 먹는 하마인 연구개발에 투자하기보다 휙휙 지나가는 인스타그램 광고를 통해 소비자들의 도파민 수치를 올리기가 훨씬 쉽기 때문이다.

일부 사람은 다른 사람에 비해 이런 덫에 더 쉽게 걸려든다. 도파민에 절어 있는 이들에게 도파민은 곧 삶의 지침이 된다. 도파민은 이들이 스스로를 위해 자원을 축적하게 만들 뿐 아니라 다른 사람들의 자원에도 손을 뻗게 한다. 다시 말해, 우리 가운데 일부는 정치인이 된다.

"빌 클린턴 아시죠?" 리버먼이 물었다.

"물론이죠."

"그는 도파민이 과다한 게 분명해요. 미국 대통령이란 자리에 앉으려면 도파민에 **찌들어** 있어야 하죠." 하지만 클린턴은 상대적으로 안정된 뇌를 지니고 있다. 그의 도파민 회로는 만족감과 연관된 회로(엔도르핀·옥시토신·세로토닌 회로) 덕분에 균형을 이룬다. "사람들은 빌 클린턴을 만나고서 멋진 친구라고 생각합니다." 리버먼이 말했다. "그에게는 분명 도덕적 결함이 있습니다. 하지만 한편으로는 함께 미식축구 경기를 관람하기 좋은 부류이기도 하지요. 그건 세로토닌 같은 물질의 수치가 높아서 과다한 도파민과 균형을 맞춰주고 있다는 신호입니다."

"그럼 도널드 트럼프 같은 사람은요?"

"그야말로 아주 아주 아주 많지요. 하지만 훨씬 불균형합니다. 아무래도 토요일 오후를 같이 보내고 싶은 사람은 아니지요."

리버먼은 인간이 뇌 속 화학작용에 마냥 끌려다니지만은 않는다는 점을 곧바로 지적했다. 운동선수가 각각 다른 근육 군을 단련해서 몸의 균형을 다시 맞추듯이 우리도 정신 균형을 회복하기 위해 노력할 수 있다. 예를 들면, 도파민 분비가 지나친 사람은 계속 무언가를 원하는 상태에서 벗어나 한층 만족을 느끼는 상태에 가까워지도록 마음챙김*을 훈련할 수 있다.

그런데도 내 안에서 문득문득 정반대의 성향이 튀어나오는 바람에 나는 망연자실했다. 내게는 기후 위기에도 굴하지 않고 탐욕을 품는 능력이 있었다. 대부분의 사람들처럼 나도 내 미래의 불행(혹은 적어도 미래 세대의 불행)이 불 보듯 뻔해질 때까지 소비하려는 성향이 내장된 채로 태어난 듯했다. 저녁 식사 자리에서 대화 주제로 병든 바다와 공장의 가혹한 노동 환경만큼이나 쉽게 새 집, 새 차, 새 직장이 사람들 입에 오르내렸다. 이런 인지 부조화는 생존 전략이기도 하다.

---

* 불교 수행법에서 나온 명상 방법. 의미를 부여하거나 반응하지 않고 현재 일어나는 일을 있는 그대로 알아차리도록 돕는다. 정신과에서도 환자들의 스트레스 경감이나 우울증 완화를 위해 마음챙김에 기반한 인지 치료법을 활용하기도 한다.

음식에 둘러싸인 쥐들이 굶어 죽은 이유

켄트 베리지Kent Berridge 박사는 1980년대에 활동한 대다수의 신경과학자들처럼 도파민 시스템이 본질적으로 쾌락 시스템이라고 추정했다. 직관적으로 타당해 보였다. 내가 이 티셔츠, 이 차, 이 스카치위스키를 원하는 이유는 그게 좋아서다. 그러니 원한다는 것과 좋아한다는 것은 같은 시간선상에 놓인 두 개의 점이다. 때는 1980년대였으니 원한다는 것과 좋아한다는 두 개념을 신처럼 떠받들기는 특히나 쉬웠을 것이다. 바야흐로 자유시장이 주는 도취감이 절정에 이르고, 탐욕을 좋은 것으로, 욕망과 행복을 하나로 생각하던 시기였다.

베리지는 도파민이 즐거움을 만들어내기에 도파민 수치를 낮추면 생명체가 무언가를 즐기는 능력도 감소할 거라고 가정했다. 그리고 이 가정을 증명하기 위해 실험에 착수했다. 흰쥐 30마리가 실험에 동원되었다. 쥐는 즐거움을 연구하기에 이상적인 생물이다. 인간 아기와 마찬가지로 누가 보아도 분명한 방식으로 음식에 반응하기 때문이다. 쥐는 음식을 즐길 때면 입술을 핥고 음식이 별로면 고개를 젓거나 입을 닦는다.

베리지의 연구팀은 쥐를 마취시키고 두개골에 조그마한 구멍을 뚫었다. 그리고 쥐의 시상하부에 있는 도파민 신경섬유 다발에 6-하이드록시도파민이라는 신경독을 주입했다. 이 신경독은 도파민 신경세포를 손상시켰다. 베리지는 사실상 쥐라면 마땅히 원하거나 즐겨야 할 것들을 원하거나 즐기지 못하는 쥐를 만들어내고자 했다. 기쁨을 느끼지 못하고 매사 무관심한 설치류가 등장할 것이었다.

이후 이 쥐들은 관찰을 위해 (커다란 어항을 닮은) 투명 아크릴 상자로 옮겨졌다. 산더미 같은 음식과 넉넉한 물을 주었지만 도파민이 없는 쥐는 먹거나 마시지 않았다. 베리지는 '아, 쾌락이 사라져버렸구나. 예전이라면 쥐들이 달려들었을 텐데 이제 즐기지 못하는구나'라고 생각했다. 오래된 이론이 맞는 듯했다. 도파민은 즐거움을 통제했다.

쥐들은 굶어 죽기 시작했다. 베리지는 주변에 음식을 깔아놓았지만, 쥐들은 여전히 먹지 않았다. 결국 실험쥐들을 살리기 위해 베리지는 위에 관을 삽입해서 쥐들의 목구멍으로 연유를 넘겨주었다. 젖을 빨지 못하는 미숙아에게도 같은 방법을 쓴다. 그런데 그때 베리지는 무언가 놀라운 것을 알아챘다. 그가 연유를 먹이는 동안 쥐들이 자기 입을 핥기 시작했던 것이다. 쥐들은 누가 봐도 분명하게, 필사적으로 음식을 즐기고 있었다. 그런데도 더 먹기 위해 스스로 행동에 나서지는 않았다. 쥐들은 전혀 먹음직스럽지 않다는 듯 간식 보기를 돌 보듯이 했다. 쥐들은 음식을 엄청나게 좋아했다. 그러면서도 도

무지 음식을 원할 수는 없었다.

원하는 것과 좋아하는 것이 뇌에서 완전히 별개의 기능일 수 있을까? 이 생각은 통념에 위배되었기에 베리지는 실험 결과가 시사하는 바를 전적으로는 믿지 않았다.

1990년대에 베리지는 이 문제를 해결하기 위해 두 번째 실험에 착수했다. 새로운 흰쥐 팀이 꾸려졌다. 이번에 그는 쥐들의 도파민 시스템을 훼손하는 대신 도파민 분비를 늘리고자 했다. 도파민 신경세포를 자극할 수 있도록 핀 크기의 전극을 쥐들의 시상하부에 심었다.

베리지의 연구팀이 15초간 전기자극을 가할 때마다 쥐들은 음식에 달려들고 물을 벌컥벌컥 마시고 새끼들을 미친 듯이 돌보았다. 베리지는 쥐들이 더 즐거워하는지 지켜보았다. 그런데 그런 기색은 없었다. 오히려 정반대의 현상이 벌어졌다. 쥐들은 더 많은 자원을 소비하고 원해야 한다고 느끼면서도 입을 닦고 고개를 저었다. 불쾌감의 신호였다. 이렇게 넌더리내는 반응은 드물게도 달콤한 간식을 얻었을 때도 나타났다. 쥐들은 모든 걸 더 원하면서도 덜 즐겼다.

"1990년대에 과학계에서 이 주장은 입지가 좁았습니다." 베리지가 말했다. 원하는 것과 좋아하는 것이 서로 단짝이 아니라는 가설은 중대한 전환점이었다. 당시의 분위기를 조금 설명하자면, 그로부터 20여 년 전에 저명한 로버트 히스Robert Heath 박사는 동성애자인 남자의 '쾌락 중추'에 전극을 집어넣고 그가 여자 매춘부와 성관계를 가지는 동안 전기자극을 가함으로써 그가 여성과의 섹스를 '원하게' 만들었다. 히스는 좋아하는 것과 원하는 것이 같다고 믿었기에 이 시술을 동성애자 치료법으로 제안했다. 하지만 베리지의 실험쥐들은 깔끔하게 들어맞는다고 여겨졌던 추정을 뒤집어엎었다.

그러나 과학계가 베리지의 실험에 주목한 것은 그로부터 10여 년이 지난 뒤였다. 아마 약물로 파킨슨병 환자들의 뇌 속 도파민 농도를 높임으로써 도파민 신경세포의 퇴화를 보완하려는 시도 덕분이었던 것으로 보인다. 환자들은 강박적으로 도박하고 먹고 쇼핑하면서도 새롭게 성취감을 느끼지 못했다. '더 많은 걸 갈구하는 분자'인 도파민은 사람들이 자신의 행복과 관계없이 소비하도록 몰아갔다. 나중에 베리지가 쥐에게 그랬듯이 인간에게 신경세포를 자극하는 전극을 넣었을 때 피험자들은 전기 충격을 얻기 위해 강박적으로 버튼을 눌렀다. 가능하면 수천 번을 연달아 눌러댔다. 하지만 단 한 번도 전기 충격을 '좋아한' 적은 없었다.[6]

원함과 좋아함은 다르다. 단지 원함이 먼저 오고 좋아함이 나중에 오는 식으로 시차가 있는 것만이 아니다. 이 둘은 기본 기능과 효용에서, 그리고 가치와 의미에서 차이가 난다. 그런데도 우리는 자꾸만 이 둘을 하나로 합치면서 자신이 원하는 대상을 좇는 것이 행복과 삶의 질을 추구하는 것과 같다고 생각한다(GDP로 한 나라의 건전함을 측정할 수 있다는 경제학자의 생각과 유사하다). 그러다 보니 무엇이든 소비할 수 있는 특권을 지닌 사람은 흔히 자신의 내부에서 일어나는 생명 활동의 함정에 빠진 채 원하는 것에 맹목적으로 이끌린다. 깊이가 가늠되지 않는 엄청난 욕망을 짊어지고서 우리는 신발과 각종 기기 그리고 립스틱을 쟁여놓는다. 푸에르토바야르타행 항공권을 예약하고 데이터 요금제를 상향하고 마당 끝에 희귀한 풀을 심는다. 애스턴 마틴*을 홀린 듯이 바라보고 도리토스 과자봉지 바닥에 남은 부스러기를 향해 손을 뻗는다. 모으고 차지하고 얻으려는 채워지지 않는 욕구를 똑같이 지닌 채로. 그러면서 우리는 점점 어딘가로 향한다. 하지만 대체 어디로 향하는 걸까? 따져보면 우리는 가슴속에 품은 남모를 소망을 이루거나 더없는 행복이 지속되는 상황을 향해서가 아니라 그저 회전목마를 타고 한 바퀴 더 돌기 위해서 움직인다. 그렇게 표

---

* 영국의 고급 스포츠카 제조업체로 007시리즈에서 제임스 본드가 탔던 본드카를 제작한 것으로 유명하다.

정 없는 말들과 되풀이되는 음악 그리고 불쑥 튀어나오는 동작의 반복 속에 갇혀 있다. 그건 원함과 좋아함이 다르기 때문이다. 베리지는 우리가 불필요한 소비에 사로잡힐 수 있다고 말했다. "그것도 굶어 죽어가는 사람이 음식을 원하는 것과 같은 정도의 강박적인 욕구를 가지고서요." 그럼에도 만족이 뒤따르리라는 보장은 없다.

뇌에서 원함을 관장하는 부분은 좋아함과 연관된 부위보다 훨씬 크고 강력하다. 인간의 욕망은 이루 말할 수 없이 커서 카타르의 석유, 중국의 쌀, 인도네시아의 팜유 등 수많은 대상에 군침을 삼킨다. 공리주의자라면 이러한 갈망이 두 가지 요인, 즉 쾌락을 계속 누리거나 고통을 피하는 것에 기반한다고 말할 것이다. 하지만 인간은 그렇게 합리적이지도 단순하지도 않다. 원함과 행복은 상반되기도 한다. 사실 삶은 모순과 자기 파괴적 행동으로 가득하다. 인간은 고작 몇 년간 물질적 위안을 더 누리기 위해 행성을 파괴할 수도 있는 존재다.

그렇다면 인간이란 무엇일까? 그저 걷잡을 수 없는 충동에 사로잡힌 동물 무리에 불과할까? 그저 보이지 않는 힘에 흔들리는 베리지의 실험쥐 같은 존재일까? 마치 완전하고 성숙한 인간은 이 모든 것 너머에 있는 우월한 존재인 것처럼 나는 이 대목에서 '그저'라는 단어를 두 번이나 썼다. 인간은 그런 식으로 생각하기를 좋아한다. 그러나 우리가 착용하고 있는 육체라는 장비와 그 작용 원리를 넘어선 인간이 과연 있을까? 1미터 아래 땅을 헤집고 다니는 지렁이도 나름의 내밀하고 강력한 욕구를 지니고 있다. 그리고 인간 역시 생명체에 불과하다.

나는 다시 밴쿠버 쓰레기 매립지로 돌아와서 거듭 들은 이야기에 대해, 그리고 그 이야기가 어떻게 우리를 빚어내고 길들였는지에 대해 생각한다. 나중에 언덕이 완성되면 흙으로 덮고 린이 준비한 꽃씨를 흩뿌릴 요량으로 트럭이 돌아다니며 쓰레기 더미를 빚고 다듬는다. 쓰레기가 예쁘고 둥글둥글한 언덕들로 바뀌는 모습을 보면서 나는 그 이야기에 대해 생각한다.

한 가지 질문이 머릿속에 떠오르면서 이게 작은 첫걸음이 되리라는 기분이 든다. '우리가 곧 끝날 이야기 안에 갇혀 있다면, 우리가 새로운 이야기로 넘어가지 못하도록 막는 것은 정말 뇌 속의 화학작용일까?'

도파민으로 모든 행동을 설명하려는 시도에도, 변치 않는 '인간 본성'(그 정체가 무엇이건) 때문에 우리가 소비자 신화에 사로잡혀 있다고 탓하는 태도에도 질린다. 삶에 의미를 부여하는 이야기들은 따지고 보면 언제나 인간이 만들어낸 작품이기에 바꾸거나 대체할 수 있다. 절망 속에서 뇌의 신경 배선에 그저 두 손 두 발 들고 굴복할 수는 없다. '인간 본성'이 기어코 세계를 무너뜨린다면 그건 우리가 운명이라는 환영에 굴복했기 때문일 테니까. 그럴 필요는 없다.

우리가 살 수 없는 미래

4장

필요에서 욕망으로

All
We Want

물건을 잃으면서 우리 자신을 잃는 기분을 느낀다면 그 반대도 성립한다. 새로운 물건을 사면 새로이 회복되었다는 기분이 든다. 구매는 자기를 완성해주고 자기 가치를 확인해주는 행위처럼 느껴진다. 우리가 그리는 자화상에서 각각의 구매는 한 번의 붓질과 같다.

그는 미국을, 미국이 제시한 이야기를 믿었다. 파릇파릇한 새싹 같은 성장과 미래를 믿었다. 자신의 미래와 자기 나라의 미래를 믿었다. 자신은 자수성가할 것이라고, 자기처럼 낙관에 가득 차고 활기 넘치는 사람이라면 다른 사람의 삶을 주무를 수도 있을 것이라고 믿었다. 그는 외견상 그렇게 보이지는 않았다. 그는 작고 단단한 체구에 청록색 눈과 애벌레 같은 콧수염을 지녔다. 우스꽝스러운 외모 탓에 단 세 사람의 주의를 끄는 것도 그에게는 만만찮은 일이었다. 하지만 상관없었다. 에드워드 버네이스Edward Bernays는 이 남자 혹은 저 여자가 자기에게 관심을 보이건 말건 신경 쓰지 않았다. 그는 사람들이 모이면 관심을 가졌고 그들이 어떻게 무리 짓는지에 주의를 기울였다. 버네이스의 천재성이 발현된 분야다.

에드워드 버네이스는 뉴욕에 있는 브라운스톤 건물*에서 자랐으며 1차 세계대전 직후 미국이 막 떠오르던 시기에 야망과 성실성을 무기로 진가를 발휘하기 시작했다. 버네이스는 잠시 유명 오페라 가수였던 엔리코 카루소의 홍보 담당자로 일하면서 군중 선동에서 재능을 증명했다. 1919년 우드로 윌슨 대통령이 강화회담에 참석하기 위해 파리에 갔을 때 버네이스는 국가 선전 활동을 도왔다. 당시 28세였던 버네이스는 윌슨을 해방자로 그려냈고 자신의 의도가 쉽게 먹히는 것에 매료되었다. 대중은 선전가의 해석대로 사건을 받아들였다. 그런데 이런 마법 같은 힘이 전쟁을 선전할 때만 발휘되는 걸까? 진취적이었던 버네이스는 그렇지 않다고 생각했다. 평화 시에도 프로파간다가 쓰일 곳이 분명 있을 것이다.

나중에 버네이스는 이렇게 설명했다. "프로파간다라는 단어에 안 좋은 인식이 생겨났습니다……. 그래서 다른 단어를 찾았지요."[1] 평화회담이 끝나고 뉴욕으로 돌아온 버네이스는 PR, 즉 홍보Public Relations라는 용어를 만들어냈다. 그러고는 자신을 선전가가 아닌 PR 고문이라고 칭했다. 영리한 행동이었

---

* 갈색 사암으로 외벽을 마감한 건물로 옆 건물과 연결되어 길게 일렬을 이룬다. 주로 19세기에 중산층의 거주지로 뉴욕에 지어졌으며 지금도 뉴욕 곳곳에 100년 넘은 브라운스톤 건물이 많이 남아 있다.

우리가 살 수 없는 미래

다. 이제 미국 기업들은 새로 부유해진 소비자 세대의 성향을
이해하기 위해 필사적으로 노력할 것이었다.

자유의 횃불

예를 들면, 러키스트라이크 담배를 생산하던 아메리칸
토바코는 여성 때문에 골머리를 앓았다. 남성에게 담배를 피
우게 하기는 꽤 쉬웠다(1차 세계대전의 참호 속에서 담배는 남자다
운 용맹의 상징이 되었다). 남자들은 거리에서, 극장에서, 식당에
서, 직장에서 담배를 피워댔다. 하지만 여자들은 집에서만, 그
것도 다른 사람이 없을 때만 피웠다. 여성이 피우는 양은 남성
의 발뒤꿈치도 따라가지 못했다. 그래서 1929년에 아메리칸
토바코의 사장인 조지 워싱턴 힐George Washington Hill은 'PR 고문'인
에드워드 버네이스를 자기 사무실로 부른 뒤 다짜고짜 소리
를 질렀다. "남자들이 공공장소에서 담배 피우는 여성을 금기
시하는 바람에 우리가 시장의 절반을 잃고 있단 말이네. 빌어
먹을. 여자들이 밖에서 보내는 시간이 늘고 밖에 있는 동안 **담
배를 피우게 만들 수만 있다면**……. 자네, 뭔가 좋은 방법이 없
나?"

"흠, 생각해보죠." 버네이스가 말했다. "정신분석가를 만
나봐도 되겠습니까?"[2]

버네이스가 작성한 심리학자 명단의 맨 위에 있던 인물은 다름 아닌 지그문트 프로이트였다. 그는 버네이스의 삼촌이기도 했다. 버네이스는 무의식이 인간의 행동을 결정한다는 프로이트의 이론에 점차 매료되었고 자기가 하는 기업 홍보에 무의식을 활용할 수 있을 거라고 믿었다. 프로이트는 오스트리아 빈에서 편지를 보내오기는 했으나 자기 조카의 장삿속에는 별 관심을 보이지 않았다. 대신 버네이스는 프로이트의 제자인 미국인 에이브러햄 A. 브릴Abraham A. Brill 박사에게서 도움받을 수 있었다. 브릴 박사는 고액의 자문료를 받는 대가로 담배가 사실은 추상화된 남근이라고, 아메리칸 토바코에 흔쾌히 알려주었다. 이어서 남근은 남성의 권력과 동일시되므로 억압받는 여성은 담배를 쥘 때마다 자기가 다름 아닌 '자유의 횃불'을 들고 있다는 사실을 깨닫게 되리라고 했다. 브릴 박사는 담배를 피우는 행위가 곧 자유를 찾는 행위라고 결론 내렸다.

'자유의 횃불'은 횃불을 높이 들어 올린 자유의 여신상을 떠올리게 하면서 세련되게 애국적이라는 인상을 주었다. 그 이미지가 마음에 든 버네이스는 여성 흡연자를 자유와 해방이라는 이상과 일치시키는 작업을 과제로 삼기로 했다. 이제 추상적인 것과 구체적인 것, 생각과 행동을 어떻게든 하나로 녹여내는 일만 남았다. 그는 미국 여성을 추켜세우면서 소비자

대열에 합류시킬 소비 이야기의 한 장을 써내야 했다.

인스타그램 인플루언서가 탄생하기 훨씬 전부터 버네이스는 '적합한 사람'의 입에서 나오는 적절한 말의 가치를 알았다. 그래서 패션지 〈보그〉에서 일하던 친구에게서 뉴욕시 사교계에 갓 데뷔한 여성 30명의 명단을 입수해 전보를 보냈다. 전보에는 버네이스가 아니라 그의 비서인 버사 헌트의 서명이 들어갔고, 비서는 후원하는 기업에 관해서는 굳이 언급하지 않았다. 전보는 이렇게 시작했다. "남녀평등을 위해, 그리고 성별과 관련된 또 하나의 금기에 맞서기 위해 나와 다른 젊은 여성들은 부활절에 맨해튼 5번가를 거닐며 담배를 피움으로써 또 다른 자유의 횃불을 밝히려 합니다."[3] 이 여성들은 헌트와 함께 여성 해방 운동에 나서달라는 요청을 받았다. 미래의 여성은 다 같이 힘을 모아 지난날의 구속을 벗어던지고 자립이라는 가치를 받아들일 것이다.

전보를 받은 사교계 여성 가운데 열 명만이 나타났지만, 그 정도면 충분했다. 정해진 시간이 되자 여성들은 검은 가죽 재질의 메리제인 구두를 신고 맨해튼 5번가를 거닐면서 담배 연기를 내뿜었다. 그사이 버네이스는 신문사에 연락해서 여성 참정권 운동가들이 항의 시위 중이라면서 사진으로 찍을 만할 거라고 했다. 제때 현장에 나타난 사진사들이 그 장면을 사진에 담았다. 진주 장신구를 걸고 펠트 모자를 쓰고 울 코트를 입은 멋진 여성, 예쁘지만 (버네이스가 지시한 대로) "모델 같지는" 않은 여성, 선망과 동시에 공감까지 불러일으키는 열 명의 여성이 공공장소에서 담배를 음미하면서 함께 여성의 권리에 대한 지지를 표현했다. 버네이스는 기자들이 이들의 구호를 기사에 담도록 신경 썼다. 이 여성들이 피우던 건 담배가 아니라 자유의 횃불이었다. 누가 이 행사를 준비했느냐는 기자의 물음에 버사 헌트는 모두 "자발적"이었다고 대답했다. 버네이스와 아메리칸 토바코가 손댄 흔적은 어디에도 없었다. 헌트는 자기가 어떤 회사와도 연관되어 있지 않으며 순전히 분노 탓에 행진을 계획했다면서 더 자세한 설명을 덧붙였다. 자신이 원하는 곳에서 담배를 피울 자유를 위해 누군가가 나설 때가 되었다고.

세간의 흥미를 끄는 사진들이 미국 전역의 신문에 실렸고, 전국적으로 그다지 치열하지 않은 '토론'이 벌어졌다. 그도 그럴 것이 대체 누가 자유에 대놓고 반대할까? 다른 것도 아닌 자유에 맞서 싸울 엄두를 낼 미국인이 과연 있을까? 버네이스가 원칙을 정하면서 새롭고 강력한 공식이 탄생했다. 이제 소비재를 홍보할 때 과거와 달리 유용성만 부각시키지 않았다. 소비재는 한층 거대한 서사에 등장하는 상징이 되었

우리가 살 수 없는 미래

고, 삶이라는 드라마에서 소비자가 자기 입장을 표출하는 방식이 되었다. 플래퍼* 세대에게 담배는 힘과 자주성의 상징이 되었다.

몇 주 지나지 않아 미국 여성들은 점점 더 많은 공공장소에서 담배를 피우기 시작했다. 여성들은 담배를 멋지게 손끝에 걸치고는 통제력과 자신만만함을 선보였다. 그리고 여성을 겨냥한 광고를 냈던 러키스트라이크가 가장 큰 수익을 올렸다.

그보다 몇 달 전에 미국의 31대 대통령인 허버트 후버Herbert Hoover는 급성장하던 광고업계 종사자들을 만나 이렇게 말했다. "당신들은 욕망을 창조하는 일을 맡았고, 끊임없이 움직이는 행복 기계로 사람들을 변화시켰습니다. 행복 기계들은 이제 경제 발전의 열쇠가 되었습니다."[4] 그때까지만 해도 대부분의 사람들은 구체적인 쓸모가 있는 기본 물품을 홍보하는 광고만 봤고 아예 광고를 접해보지 못한 사람들도 있었다. 하지만 버네이스와 그의 동료들은 프로이트가 말한 무의식에 휘둘리는 쇼핑객을 발견해가고 있었다. 바로 약간의 여윳돈을

＊   1920년대의 자유분방한 젊은 여성. 전통적인 여성관을 거부하고 긴 머리와 코르셋 그리고 긴 치마 대신 짧은 머리와 짧은 치마 같은 스타일을 추구했다.

지니고 현대의 삶에서 주연배우를 맡고자 하는 끝없는 욕망을 지닌 소비자였다. 다른 심리학 학파들의 이론도 여기에 이용 되었다. 쇼핑객에게서 파블로프의 조건 반사 같은 반응을 끌 어내고 싶어 했던 광고회사들은 미국에서 한창 성장하던 행동 주의 학파* 심리학자들을 고용했다.[5] 이제 막 부유해져서 소비 여력이 생긴 대중은 방법만 안다면 얼마든지 이익을 뽑아낼 수 있는 금광이 될 것이었다. 그해 투자은행인 리먼 브러더스 의 임원이었던 폴 메이저Paul Mazur는 허버트 후버가 찾던 "행복 기계"를 연상시키는 말을 했다. "변화를 원하도록, 옛날 물건 이 아직 완전히 소모되지 않았는데도 새로운 물건을 원하도록 공동체를 훈련할 수 있다면 필요보다는 욕망으로 측정되는 시 장이 만들어진다. 인간의 욕망은 필요를 훌쩍 뛰어넘어 자라 날 수 있다."[6] 미국은 필요에 기반한 사회에서 욕망에 기반한 사회로 변해가고 있었다. 새로운 사고방식을 만들고 사람들을 행복 기계로 바꾸는 것. 여기에 암시된 영향력은 초현실적이 기까지 했다. 하지만 광란의 1920년대는 낙관으로 가득하고 뻔뻔할 정도로 패기가 넘치던 시기였기에 사람들은 허공에서

---

* 20세기 초반에 생겨난 심리학 학파로 기존의 심리학과 달리 철저하게 과학 적인 접근법을 취했다. 내면을 들여다보거나 무의식을 탐구하기보다는 관찰하고 예측할 수 있는 행동을 토대로 심리를 연구했다.

우리가 살 수 없는 미래

욕망을 쥐어짜내고 다른 수단 없이 독창성만을 이용해 소비를 새로운 수준으로 끌어올릴 수 있다고 느꼈다. 경이로운 20세기에나 가능했던 대담한 발상이었다.

후버가 사용한 "행복 기계"라는 단어는 산업 전반에 걸쳐 점점 기계 의존도가 높아지던 당시 상황을 반영한다.[7] 서구의 부유한 국가들은 17세기부터 기계화된 대량 생산을 이끌어내기 위해 점점 더 많이 투자해왔고 그에 따라 공장에 기반한 새로운 문화가 생겨났다. 19세기에 방추*가 여럿 달린 '제니 방적기'가 발명되자 노동자 한 명이 한 번에 여덟 개의 방추를 돌려가며 솜에서 실을 자아낼 수 있게 되었다. 그 결과 1790년에서 1830년 사이 영국산 면제품의 가격이 90퍼센트 하락했다.[8] 언제나 그러듯 생산 효율성이 높아지면서 소비도 그에 맞게 단계적으로 상승했고, 자연스레 섬유제품의 판매도 급증했다. 1차 세계대전이 발발할 무렵에는 기계가 발전하여 다른 상품의 생산 비용도 현저히 낮아지고 과거 섬유업계와 비슷한 호황을 누렸다. 하지만 평화로운 시기에는 소비자의 수요가 증가해야만 기계가 계속 돌아갈 수 있다. 시민들은 "목적 없는 물질주의"[9]이자 방향 잃은 성장(다른 말로 성장을 위한 성장)을 위

─────────

* 섬유를 실로 뽑아내는 도구.

해 시간과 노력을 들여야만 했다. 환상적인 새 기계들이 상품 생산량을 계속 증가시키고 가격을 떨어뜨렸기에 생산 수준이 향상될 때마다 이를 활용해 한몫 잡으려면 상품들을 향한 대중의 욕망도 계속 키워나가야 했다. 광고인은 소비 이야기를 써 내려가는 데 주요 역할을 맡게 되었고 이들이 어찌나 화려하고 정교했는지 메이저의 예언대로 필요가 욕망으로 대체되었다. 이렇게 욕망 계산법이 탄생했다.

사라, 써라, 버려라

버네이스가 '자유의 횃불' 쇼를 벌인 후에 여성들은 그 어느 때보다 많이 러키스트라이크를 피웠다. 하지만 조지 워싱턴 힐을 만족시킬 정도는 아니었다. 그래서 1934년에 힐은 버네이스를 자기 사무실로 다시 부른 뒤 시장조사에서 다른 문제를 발견했다고 말했다. 여성들은 이제 공공장소에서 담배를 피워도 된다고 느꼈고 그건 담배회사로서 다행이었다. 하지만 이들은 러키스트라이크 포장을 좋아하지 않았다. 이들 눈에 짙은 녹색은 촌스러웠다. 간단한 문제였다. 버네이스는 포장을 무난한 색으로 바꿔보면 어떻겠냐고 제안했다. 하지만 힐은 거절했다. 이미 그 초록색 포장에 수백만 달러를 쏟아부었다. 그건 러키스트라이크 브랜드의 정체성이었다. 버네이스는 눈 하나 깜짝하지 않고 대답했다. "포장 색을 바꾸지 않겠다면 유행 색상을 바꾸십시오."[10] 여성의 취향에 브랜드를 맞추기 보다 브랜드에 맞춰서 여성의 취향이 변화될 것이다.

버네이스는 계획을 실행하기 위해 다시 한번 '적합한 여성'들을 끌어들였다. 이번에 버네이스는 부유한 여성 참정권 운동가이자 '뉴욕 여성과 어린이를 위한 병원'의 원장이던 나르시사 콕스 밴더립Narcissa Cox Vanderlip을 찾아갔다. 당신 병원에 누군가가 굶는 아이들을 먹일 우유를 기부한다면 어떻겠습니까? 가난한 이들을 위한 옷은 환영인가요? 익명의 기부자가 대기하고 있답니다. 모금을 위해 익명의 기부자가 주최하고 밴더립이 주관하는 멋진 자선 무도회, 이를테면 녹색 무도회를 열었으면 한다고 합니다. 버네이스는 러키스트라이크가 이 계획을 꾸몄다는 사실을 밴더립에게 숨겼다. 병원을 위한 자선기금을 모으고 싶었던 밴더립은 계획에 찬성하고 서둘러 자기의 부유한 친구들을 끌어들였다(그녀의 지인 가운데는 러시아 출신 작곡가인 어빙 벌린Irving Berlin의 아내와 프랭클린 D. 루스벨트 대통령의 아들인 제임스 루스벨트의 아내가 있었다). 녹색 무도회가 열리기 몇 달 전부터 버네이스는 뉴욕시가 녹색에 마음을 온통 빼앗기도록 부산스레 계획을 실행에 옮겼다. 래리 타이Larry Tye는 《여론을 만든 사람, 에드워드 버네이즈》에서 녹색 유행의 물결이 곧 당도할 테니 매장을 초록 드레스와 구두 그리고 장신구로 채워야 한다는 예고가 소매상들에게 어떻게 전달되었는지 들려준다. 버네이스의 설득에, 잡지와 신문은 녹색이 올해를 휩쓸 색상이라고 발표했다. '녹색 패션이 가득한 가을 오찬'이 열렸고, 그곳에서 패션잡지 편집자들은 초록 껍질콩과 아스파라거스, 피스타치오 디저트, 민트 크림으로 구성된 식사를 했다. 그중 가장 터무니없던 일은 녹색이 실내 장식과 어울리지 않는다는 걱정을 날리려고 '색상 유행 연구소'가 급조된 것이었다(백화점과 실내 장식가들의 관심을 끌기 위한 것이었지만 이내 색상에 관한 조언을 얻기 위해 연구소를 찾아오는 사람들이 생겨났다).

녹색은 패션지 〈보그〉의 페이지와 맨해튼 5번가 상점들의 쇼윈도를 장식했다. 마침내 녹색 무도회가 열렸을 때 여성 참석자들은 모두 녹색 드레스를 입어야 했다. 이 드레스들은 월도프 아스토리아 호텔*의 무도회장에 특별히 설치된 초록빛 조명 아래에서 반짝였다. 힐 사장과 아메리칸 토바코는 매우 흡족해했다고 한다. 유행이 바뀌었고 버네이스는 보너스를

---

* 1931년 뉴욕 맨해튼에 개장한 뒤 뉴욕의 상징이자 최고급 호텔의 대명사로 여겨졌다. 2014년 중국 보험회사에 매각되기 전까지는 미국 대통령이 뉴욕을 방문할 때마다 묵었다.

우리가 살 수 없는 미래

챙겼다. 버네이스가 건조하게 말했듯이 "반복해서 강조한 생각은 받아들여지기 마련이다".[11] 취향은 정해주는 대로 따라야 하는 것이 되었다. 소비자가 느끼는 현실은 이윤을 추구하는 몇몇 사람들이 집요하게 만들어내는 것이었다.

미국 시민을 버네이스 같은 광고인들에게 조종당하는 "행복 기계"로 보던 후버의 시각은 무절제한 소비 행태가 한 세기 동안 이어질 분위기를 조성했다. 한 세기 동안 '행복한 사람들'과 '끊임없이 돌아가는 공장들'은 공생 관계를 이뤘다. 그리고 그 관계는 자본주의가 파시즘과 공산주의를 비롯한 모든 대안 서사를 상대로 승리하면서 더욱 긴밀해졌다. 2차 세계대전이 끝날 무렵 미국의 자본주의는 전 지구에서 가장 영향력 있는 서사가 되었고, 그 줄거리에는 삶의 '새로운 필수품'에 대한 설명이 들어갔다. 이들 필수품은 자동차, 세탁기, 냉장고, 토스터, 청소기를 비롯한 각종 기기로서 소비자에게 즐겁고 편한 삶과 강력한 힘을 선사했을 뿐만 아니라 소비자가 무엇인지도 정의 내렸다. 소비자는 '새로운 필수품'을 살 때마다 제대로 작동하는 행복 기계로 바뀌어갔다. 그사이 청결의 기준이 올라갔고 주부들의 일거리는 전만큼 많거나 오히려 전보다 늘었다.[12]

소비자는 도덕 기계로도 변해갔다. 이들은 타락한 삶

이 아니라 올바른 생활과 건전한 정신을 대변하게 되었다. 1950년대 생겨난 '번영신학'은 미국인들에게 하느님을 신실하게 믿으면 그 보상으로 부유해질 거라고 가르쳤다(이러한 가르침은 근면성을 예찬하는 개신교도의 태도와 자본주의를 결부했던 막스 베버의 사상과 비슷한 면이 있다). 물질적 부는 영적인 힘을 보여주는 징표가 되었다. 번영신학을 이끈 주요 인물인 케네스 해긴Kenneth Hagin은 인기를 누린 '믿음의 말씀Word of Faith' 운동을 창시했다. 그는 자기 아들을 마구간 구유에서 태어나게 했던 바로 그 신이 이제는 자기 신자들에게 "가장 좋은 옷"을 입히기 원한다고 설교했다. 신은 신자들이 "가장 좋은 차를 몰고 무엇이든 가장 좋은 것을 가지기를 원한다".[13] 그래서 소비문화는 다른 거대한 서사인 종교를 대체할 필요가 없었다. 그저 종교를 흡수하면 되었다.

도덕적 자아와 마찬가지로 정치적 자아도 소비 이야기에 섞여 들어갔다. 미국 사회학자인 대니얼 벨Daniel Bell은 급성장하는 소비 사회를 보고는 새 서사가 마르크스주의와 민족주의처럼 "열정이 깃든" 옛 서사를 없애버렸다고 선언했다. 앞서 존재했던 서사에는 종교와 비슷한 면이 있어서 삶의 길잡이가 되어주었고 이질적인 집단 사이의 갈라진 틈을 메워주었다. 열정 가득한 이러한 신조는 19세기와 20세기 초반 내내 필요

우리가 살 수 없는 미래

했지만 찬란한 풍요의 시대를 맞이한 미국에는 이제 필요 없었다. 그리고 없어지니 속이 다 후련했다. 벨은 "총체적 이데올로기는 현실 전반을 아우르는 체계이자 열정이 깃든 신념들의 집합으로서 삶의 방식 전체를 바꾸려고 한다"[14]라고 썼다. 벨은 이제 수백만 명을 두 번의 세계대전으로 끌어들인 끔찍한 열정을 뒤로하고 앞으로 나아갈 때라고 느꼈다. 합리적이고 현실적이던 1950년대의 미국은 광신자, 상징, 우상을 버리고 대신 쇼핑백을 집어 들었다.[15] 그렇지만 벨은 소비지상주의가 그 자체로 하나의 총체적 이데올로기가 될 수 있다는 점을 간과했다. 버네이스 같은 광고인은 문화를 빚고 물들이고 파고든 이야기를 가지고서 자연방사선처럼 알게 모르게 대중을 에워쌀 방법을 배워나가고 있었다. 이들은 현대의 생활 구석구석을 자기들이 설파하는 소비 서사로 뒤덮는 법을 터득했고 이 서사가 내리는 단순한 지시(사라, 써라, 버려라)가 일상을 지배하는 이데올로기가 될 때까지 작업을 계속했다.

현대의 생활에 필요한 모든 물품을 사들인 20세기 미국인은 단지 물건만이 아니라 완전한 자아까지 얻게 되었다. 이들은 옛날의 이데올로기만큼이나 정신적일 뿐만 아니라 만족을 안겨주는 이야기에 올라탐으로써 삶에 의미와 목적을 부여하는 하나의 서사를 택했다. 그렇게 이들은 자기 시대의 이야기와 하나가 되었다.

당신이 소비하는 제품이 곧 당신이다

구매한 물건은 정말 우리의 일부가 될까? 테슬라 로드스
터, 구찌 재킷, 맥캘란 싱글 몰트 위스키 30년산. 아마 이 가운
데 그 무엇도 우리를 더 괜찮은 사람으로 만들어주지는 못할
것이다……. 하지만 소유물 하나하나가 미약하게나마 마음을
끌어당기는 중력 같은 힘을 발휘하는 것 같지 않은가? 이것들
이 우리를 조금이나마 움직이고 변화시키는 것 같지 않은가?
버네이스가 등장하기 얼마 전에 사망한 철학자 윌리엄 제임
스William James는 자아가 여러 구성요소로 이루어져 있으며 그중
하나가 '물질적 자아'라고 생각했다. 물질적 자아에는 몸뿐 아
니라 옷, 집 안을 채운 물건들이 포함되었다. 즉 물질적 자아
는 머릿속에 틀어박혀 순수하게 생각만 하는 자아의 외부에
있는 모든 것이었다.

윌리엄 제임스는 부유하고 교양 있는 집안에서 태어났으
나(그의 동생은 소설가 헨리 제임스Henry James다) 그가 누리는 특혜로
도 주기적으로 말썽을 일으키는 몸은 어찌할 수 없었다. 제임
스는 젊은 시절 병약했고 점차 자살 충동을 느끼게 되었다. 말
년에는 심장질환으로 고통받았고 그로 인해 결국 사망했다.

어쩌면 이런 육체적 고난을 겪었기에 세속적인 문제에 그토록 관심을 두게 되었는지도 모른다. 만성 질환을 앓다 보면 삶이 뜬구름 잡는 일로만 이루어져 있지 않다는 증거를 매일 마주하게 된다.

제임스는 놀라울 정도로 인맥이 넓은 데다가(마크 트웨인, 랠프 월도 에머슨, 버트런드 러셀, 카를 융과 알고 지냈다) 사회적 지위도 매우 확고했기에(철학으로 관심사를 돌리기 전에는 하버드대학교에서 해부학을 가르쳤다) 사회 통념을 뒤엎는 이야기를 해도 사람들이 진지하게 귀 기울여주었다. 제임스는 과거부터 내려온 영혼이라는 개념, 즉 우리 각각의 경험 중심부에 '인식의 주체인 나'라는 본질이 있다는 생각을 믿었다. 하지만 제임스는 '인식의 주체인 나' 말고도 '인식의 대상인 나$_{me}$'도 있다고 생각했다. '인식의 대상인 나'에는 온갖 물질적 요소들이 포함되었다. 옷과 소유물을 비롯한 것들이 '인식의 대상인 나'를 이룬다.

"'인식의 대상인 나'는 객관적으로 알려진 것들을 경험하면서 형성된 집합체다."[16] 우리 중심부에 있는 감정이 풍부하고 사색을 하는 '주체인 나', 과거, 현재, 미래를 오가며 이를 엮어 일관된 자아로 만들어내는 '주체인 나'는 '대상인 나'를 이루는 물질적 요소들을 끊임없이 자기의 일부로 받아들인다.

제임스는 인간을, 병 속의 반딧불이처럼 육체 안에 갇힌 영혼으로 단순하게 정의할 수 없다고 주장했다. 인간은 다양한 면모를 지닌 복합적인 존재이며 내면과 외면의 요소로 이루어져 있다. 자아는 집합체이며 순수하지 않다.

제임스는 다음과 같은 점에도 주목했다. "우리에게 속한 것들을 향한 우리의 감정과 행동은 우리가 자신에게 보이는 감정과 행동을 닮았다."[17] 우리에게 속한 것들에 이런 친밀감을 느낀다는 사실은 우리라는 정체성이 이런 것들에도 뻗어 있음을 암시한다. 우리에게 속한 것들은 "우리 몸만큼이나 소중하게 느껴져서 이들이 공격당하면 마치 우리 자신이 공격당한 것처럼 보복 감정과 행동이 일어난다." 산산이 조각난 침실 유리창, 잃어버린 결혼반지, 심지어 낡은 스니커즈조차 우리를 연약한 상태로 몰아넣을 수 있다. 자기다움의 일부는 우리가 자기 것으로 여기는 물건들에서 오기 때문이다. 버네이스 같은 광고인들은 우리가 우리 물건들에 더 친밀감을 느끼도록 부추겼다. 그들은 각각의 소유물에 자기 일부를 담도록 우리를 꼬드겼다. 그랬던 소유물을 잃어버리면 "우리 개성이 쪼그라들었다는 느낌, 우리 일부가 무無로 바뀌었다는 느낌"을 받게 된다.[18] 어쩌면 이런 조그마한 상실 하나하나가 커다란 상실인 죽음, 즉 결국 우리에게 가장 소중한 물질적 보물인 몸을 상실하리라는 사실을 암시하기 때문일 것이다. 어쩌면 커피 잔이나 책, 장난감을 잃어버렸을 때 우리가 그토록 속상해하는 이유는 어떤 물질도 영원하지 않으며 언젠가 우리는 살과 뼈마저 박탈당하리라는 사실을 새삼 깨닫게 하기 때문일 것이다.

물건을 잃으면서 우리 자신을 잃는 기분을 느낀다면 그 반대도 성립한다. 새로운 물건을 사면 새로이 회복되었다는 기분이 든다. 구매는 자기를 완성해주고 자기 가치를 확인해주는 행위처럼 느껴진다. 우리가 그리는 자화상에서 각각의 구매는 한 번의 붓질과 같다. 우리는 언제 증발할지 모르는 수증기 같은 자신을 단단히 붙잡아두기 위해 물건을 산다.

버네이스는 여성 해방을 러키스트라이크 담배와 연관 지었다. 오늘날 P&G 광고에는 인종 편견을 자녀에게 설명하는 흑인 부모가 나온다.[19] 아우디 광고에는 딸이 장차 마주할 성별 임금 격차에 대해 걱정하는 아버지가 등장한다.[20] 애플 광고는 소중한 생태계를 보호하자고 시청자에게 권하고,[21] 펩시 광고는 잘생긴 경찰관에게 콜라 캔을 건네어 세계 평화를 달성하는 유명 모델 켄들 제너의 모습을 비춘다.[22] 이 브랜드와 저 브랜드 사이에서 선택하는 행위는 무엇을 굳건히 지지하는지 암시하는 수단이다. 소비하기 위해 골라야 할 것이 눈덩이처럼 불어남에 따라 쇼핑객은 이제 소비를 통해 단순히 자신의 정체성을 빚는 것이 아니라 사회 전반에 영향을 끼치는 것으로 여겨진다. 물론 그 결과 현실 세계에 출현한 사회는 여성 해방이나 인종 평등 또는 환경 보호를 찬양하지 않는다. 그 결과 탄생하는 것은 소비 사회뿐이다.

1990년 후반 무렵 우리가 소비하는 물품과 우리 자신은 완전히 섞여버렸다. 우리는 제품에 자신의 개성과 내면에서 끌어올린 감정을 담으라고 배웠을 뿐 아니라 우리가 소비하는 제품이 곧 우리 영혼이라는 새로운 해석도 받아들였다. 비즈니스 전문가인 톰 피터스Tom Peters는 경제 전문지인 〈패스트 컴퍼니Fast Company〉에 실린 글에서 다음과 같이 주장했다. "오늘부터 당신이 바로 브랜드입니다. 나이키나 코카콜라, 펩시, 더 바디샵과 전혀 다를 바 없는 브랜드 말이죠……. '나'라는 이름을 내건 주식회사의 CEO로서 당신은 이기적으로 행동해야 합니다. 당신을 성장시키고 홍보하고 시장에 보상을 요구하십시오."[23] 이렇게 우리는 단순히 소비 상품의 편익을 누리는 걸 넘어서서 스스로 상품으로 재구성되었다.

피터스에 따르면 '나'라는 주식회사의 CEO는 '당신이라는 브랜드'가 되어야만 성공할 수 있다. 소비자에게 선택받는 브랜드가 그렇듯이 구직자는 자기 모습을 만들어내기 위해 관심과 노력을 기울이고 지속적으로 점검하면서 잘못된 부분은 가차 없이 바꿔나가야 일자리를 얻을 수 있다. 단조로운 업무에 묶인 채 장기 근속하던 옛날 회사원의 모습은 추억 속에만 남아 있다. 이제는 꿈에 그리던 은퇴 날까지 직원을 품어줄 공장이나 사무실이 없기 때문이다. 한 세대 전체가 이곳저곳을 옮겨 다니면서 10여 개의 직장을 전전할 운명이었지만 장기간 안녕을 책임질 곳은 없었다. 따라서 피터스가 설명했듯이 우리가 **진짜** 해야 할 일은 나만의 브랜드를 홍보하고 판매하고 밀고나가는 것이었다. 그것만이 고정불변한 진리이며 불안정한 시장에서 우리가 매달릴 유일한 동아줄이었다. 그리고 오해가 없도록 덧붙이자면 이건 신나는 일이었다. 이제 회사 내에 승진 사다리는 없다! 구닥다리 계급체계가 사라졌다! 우리는 자신이 특별하다고 믿으며 자라났기에 나라는 브랜드가 다른 이들의 브랜드보다 훨씬 낫다고 생각했다. 기업의 용어를 새로 받아들일수록 우리 정체성은 우리가 좋아하는 소비제품을 닮아갔다. 이렇게 새로운 시대가 도래했다. 자아는 팔아야 할 몰개성한 물건이 되었고, 사람들은 아바타가 되었고, 정치적 입장과 심미적 선택, 심지어 어조까지도 한데 모여 상품과 구별하기 힘든 결과물이 되었다. '당신이라는 브랜드'를 머릿속에 담아두라고 배운 아이들이 장래희망으로 '교사'나

'의사'를 선택했던 부모 세대와 달리 영화배우나 가수, 유튜버가 되고 싶어 한다는 사실은 우연이 아니다.[24,25]

　우리 삶을 지배하는 브랜드(애플, 트위터, 페이스북, 구글)들은 단순히 우리가 동조하는 제품이 아니라 우리라는 존재를 만들어내는 플랫폼이다. 말하자면 '당신이라는 브랜드'에 공급되는 산소와 같다. 오늘날 소셜미디어 광고 생태계에 나타나는 친밀감은 에드워드 버네이스를 열광시켰을 것이다. 과거에는 광고회사가 브랜드 인지도를 높이는 작업을 해왔다면, 현재는 개인들이 틱톡과 인스타그램에서 인플루언서로 활동하면서 조금이나마 이 작업을 해내려 노력한다. 극소수는 이런 활동으로 유명해지고 협찬을 얻는다. 나머지 '나노 인플루언서*'는 업체에 의해 묶인 다음 광고에 쓰일 사람들을 찾는 브랜드에 대량 묶음으로 판매된다. 이런 방식으로 이 저열량 맥주나 저 하와이 호텔은 원할 때마다 언제든지 '진짜' 후기를 무더기로 얻을 수 있다. 유니클로와 세포라 같은 브랜드도 이런 자아의 무리에 기대어 온라인 여론을 조성한다. 버네이스가 뉴욕시 사교계에 갓 데뷔한 여성들을 이용했던 것과 정

---

*　소셜미디어에서 활동하는 인플루언서 중 상대적으로 팔로워 수가 적은 사람들.

확히 같은 방법이다.[26] 피터스의 말대로라면 독립적이어야만
할 것 같은 '당신이라는 브랜드'는 이렇게 기업의 이익에 먹
혀 '우리라는 브랜드'로 탈바꿈한다. 각각의 '나'는 물론 여전
히 특별하게 느껴진다. 플랫폼이 이용자의 아바타가 빛나도록
해주기 때문이다. 실제로 그곳에서 진정한 자아의 모습이 드
러난다. 하지만 인플루언서라 불리는 앳된 얼굴의 기업가들은
왁자지껄한 전 세계 미디어의 틈바구니에서 눈에 띄려면 자신
을 갈고닦아 짤막한 글로 만들어내야 한다는 사실을 안다.

한편 '진짜 당신'과 당신이 동조하는 브랜드 사이에 경계
가 없다는 환상은 〈퀴어 아이Queer Eye〉같이 변신을 주제로 한 리
얼리티 쇼로 생명력을 얻었다. 쇼에 나온 소비 전문가들은 꾀
죄죄한 참가자들을 한층 빛나고 행복한 삶으로 이끌어준다(오
해가 없도록 덧붙이자면 나는 〈퀴어 아이〉를 즐겨 본다. 집을 뜯어고치고
커트 비용으로 200달러를 쓰고 오렌지시어리 피트니스 회원권을 얻기만
하면 손쉽게 개인이 변화하는 세계에 산다는 건 정말이지 멋질 것이다.
하지만 내가 그런 프로그램을 보는 이유는 다름 아니라 그것들이 정신
적 가치를 추구하는 소비와 마찬가지로 반짝이는 판타지이기 때문이다).
카메라 팀이 짐을 싸고 나면 참가자들은 분명 조용히 되돌아
보는 시간, 자기가 단지 TV 시청자를 위해 '변신'을 연기한 것
은 아닌지 자문하는 시간을 분명 가졌을 것이다. 이건 브랜드

가 되어버린 사람들이 계속해서 느끼는 불안이기도 하다. 우리는 이른바 추종자(팔로워)들을 위해 배역을 연기하는 배우가 되었다. '나'라는 주식회사가 성공에 다가갈수록 더 차분하고 브랜드화되지 않은 '나'는 잃어버리게 된다.

이유 있는 피해망상

이런 음울한 역할극으로 자신을 정의하려는 사람이 많을지는 의문이다. 그렇지만 현대의 삶은 리얼리티 쇼뿐만 아니라 북적거리는 대로와 반짝이는 잡지 지면, 넘쳐나는 인스타그램 피드를 통해서 이러한 불안한 상황을 조장한다. 이들은 우리에게 분투하는 다른 영혼들을 의식하고 그들의 시선을 우선시하라고 부추긴다.

지위와 소속에 대한 불안은 더 많이 소비해야만 누그러든다. 우리가 목표를 달성하려고 분투하는 사이 소비자 부채는 눈덩이처럼 불어난다. 미국만 해도 2020년 기준 소비자 부채가 15조 달러에 가까워졌다.[27] 그중 3분의 2는 주택담보대출에 해당하고 나머지는 주로 신용카드 빚이다(2005년 통과된 법으로 파산 선언이 힘들어지면서 이런 빚이 늘었다). 물론 잃은 것이 많을수록 더욱더 빠져들기에 새롭게 생긴 빚은 우리를 소비 이야기에 훨씬 단단히 묶어놓을 뿐이다. 자본주의를 사랑하는 사람이라면 대부분 100만 달러 주택담보대출을 떠안으면서 자기가 '좋은 삶'을 쟁취해냈다고 여긴다. 주택담보대출은 신용카드 빚처럼 악질적이지는 않지만, 소유물이 확실한 가치를 지닌다고 소유자가 어쩔 수 없이 믿게 만든다(집이 평생 모은 돈만큼 가치가 없다면 당신은 사기당한 바보가 되어버린다). 역사학자인 유발 노아 하라리Yuval Noah Harari는 "신비한 희생의 연금술"에 관해 설명한다. 채무자는 이미 너무 많은 제물을 제단에 바쳤기에 소비 상품에 훨씬 큰 애착을 지니게 된다. "대부분 자기가 바보라고 인정하고 싶어 하지 않습니다. 그 결과, 특정 신념을 위해 큰 희생을 치를수록 믿음도 더 커집니다."[28] 소비 이야기가 괴이하고 터무니없어질수록 인간은 오히려 더욱 빠져든다.

광고주가 이런 괴이한 세계의 문턱에서 점점 더 정확하게 개인을 겨냥하다 보니 이제는 자기 자신이 어디에서 끝나고 소비를 조장하는 분위기가 어디에서 시작되는지 그 경계를 잊을 지경이 되었다. 디지털 시대에 특정 소비층을 겨냥한 광고는 지극히 개인적인 영역에까지 파고들어 일상생활 속의 움직임, 생각, 패턴과 엮인다. 예를 들면 2017년 구글은 자사의 광고 서비스를 이용하는 업체들에 '비콘'을 보내기 시작했다. 광고 대상을 더욱 정밀하게 겨냥하기 위한 거대한 움직임의 일환이었다. 작동 방법은 이랬다. 비콘(한 손에 들어오는 작고 하얗고 네모난 물체)이 매장 안에 숨겨진다. 비콘이 블루투스 신호를 주변 휴대전화에 내보낸다. 만약 할인 혜택을 받기 위해 그 상점의 앱을 내려받은 적이 있다면 비콘이 앱을 작동시킨다. 비콘은 이제 당신이 누군지 파악하고(앱을 내려받을 때 동의한 사항이다) 당신의 위치를 서버로 보낸다. 서버에서는 당신의 상점 내 위치에 기반해 월마트 등이 긁어모은 개인 데이터(아마도 소득, 운동 습관 등)와 과거 구매 습관을 불러온다. 그러고 나면 당신의 휴대전화에 당신이 좋아하는 요구르트를 사라는 광고가 뜬다. 요구르트가 여전히 손닿을 거리에 있을 때 갑자기 '핑!' 하고 휴대전화가 울리더니 지금 50퍼센트 할인 중이라고 알린다.[29] 개인 정보에 기반해서 몇 미터 이내에 있는 쇼핑객을 정교하게 겨냥하고 즐길 거리를 엄선해서 제안하는 과정이 일사천리로 이루어진다. 구글은 앱 개발자들을 대상으로 자기들이 만든 비콘이 "앱 사용자들에게 자신이 있는 곳을 한층 나은 방식으로 경험하게 해준다"고 말했다. 하지만 "한층 나은"이라는 말은 "구매를 끌어내는"이라는 말을 대신한 것이다. 얼핏 들어보면 매력적이다. 이들의 말에 따르면 비콘이 "이용자들의 기기가 콘텐츠와 기능을 발견하도록 도울" 수 있다. 마치 거기에서 기업 자체의 '기능'은 작동하고 있지 않다는 듯이.

구글 비콘을 통해서건 인스타그램 스토리나 페이스북 피

드를 통해서건 온라인에서의 삶을 지배하는 무료 플랫폼은 언제나 우리의 구매를 유도한다. 저술가인 팀 우Tim Wu가 지적했듯이 광고는 "애초에 그토록 많은 사람의 주의를 끌어모은 궁극적인 목적"[30]이다. 새롭게 등장한 흥미로운 서비스는 결국 더 교묘하게 소비자들을 겨냥하는 또 하나의 수단일 뿐이라는 사실이 밝혀진다. 예를 들면 페이스북이 2009년 '좋아요' 버튼을 도입한 목적은 이용자에게 즐거움을 주기 위해서가 아니었다. 이용자가 무엇을 선호하는지 지켜보고 수익 창출에 도움이 될 데이터를 캐낼 강력한 도구를 설치한 것이었다. 소셜 플랫폼이 진화하면서 이용자들은 자기를 위해 콘텐츠를 만드는 한편 그 안에 자신의 정보를 담았다. 플랫폼으로서는 이용자 개개인이 대신 시장조사를 해주는 셈이었다. 플랫폼 안에서는 선동적인 글이 눈길을 끌어모으고 상호 비방과 분노가 탐욕 어린 동경과 뒤섞인다. 이용자들이 만든 그 모든 콘텐츠는 일반 대중의 신념과 욕망을 설명하기 위해 한곳에 모인다. 이 모든 것이 존재하는 이유는 플랫폼에 자금을 대는 광고주를 위해서다. 우리 삶이 그들의 돈벌잇감이 된다.

마케팅 분야에는 오래된 농담이 있다. "광고에 나간 돈 절반은 허비되었어. 문제는 어디에 쓴 절반이 허비되었냐는 거지." 개개인 맞춤 광고는 소비자에게 직접 다가와 속삭임으로

써 이 문제를 해결한다. 내 친구들은 광고의 정확도에 놀란 나머지 자신의 휴대전화가 자기를 염탐하고 있다고 확신한다. 그렇지 않고서는 대화 중에 휴양 도시인 칸쿤이 언급되고 얼마 지나지 않아 휴대전화에 할인 항공권 광고창이 뜨는 것을 어떻게 설명할까? 염탐 이론은 어쩌면 피해망상일지도 모른다. 하지만 적어도 이유 있는 피해망상이다. 맞춤 광고에 끊임없이 겨냥당할 때, 우리가 곧 브랜드라고 속삭이는 꼬드김에 넘어갈 때, 우리의 묵인 아래 스스로 브랜드화된 작은 순간들이 모여 결국에 우리가 통으로 넘어가는 일이 벌어지리라고 의심하지 않을 도리가 있을까? 하지만 진실은 우리를 더 심란하게 한다. 이러한 광고는 우리의 욕망에 부응하지 않는다. 우리의 욕망이 광고에 부응한다.

'당신이라는 브랜드'에 대한 (간접적이지만) 격렬한 반응이 나오미 클라인Naomi Klein의《슈퍼 브랜드의 불편한 진실》에 실려 있다. 클라인은 20대에 선언문을 써서 브랜드를 만드는 조직들의 표적인 동시에 그들의 영향력에 맞설 준비가 되어 있는 세대를 대변했다.

클라인의 책은 1999년 12월, 세계무역기구 각료회의가 시애틀에서 개막되고 며칠 후에 출간되었다. 이 기간 시애틀에서는 수만 명의 시위자가 폭동과 시위를 오간 '시애틀 전투'

우리가 살 수 없는 미래

를 벌임으로써 세계화와 기업의 탐욕을 전 국민적 관심사로 부상시켰다. 클라인과 그녀의 책을 읽은 전 세계 수십 개국 독자들은 맥도날드와 마이크로소프트, 나이키가 모든 사람의 의식 속으로 헤집고 들어오고, 브랜드가 성장함에 따라 점점 더 많은 관심과 영향력을 요구하는 상황을 지켜보았다. 작은 업체들은 죽어나갔고 노동자의 권리는 무시되었으며 먼 나라에 세워진 노동 착취 공장은 암암리에 부당한 노동조건 아래에서 운영되었다. 클라인은 소비자가 점점 브랜드와 자신을 동일시하면서 기업의 추악한 행태에 연루되어버리기 때문에 브랜드들이 별로 대가를 치르지 않고 넘어간다고 보았다.

심지어 자연보호 책임을, 환경을 오염시키는 회사와 그들의 대변인인 로비스트가 아니라 소비자에게 전가하는 일도 가능해졌다. 그들의 말에 따르면 판매자들이나 매수된 정치인들이 아니라 '우리'가 지구를 파괴하고 있었다. 나중에 클라인이 주장했듯이 "분통 터지는 '인간 본성' 타령과 미국에서 막강한 힘을 휘두르는 극히 동질적인 집단을 기만적인 '우리'라는 단어로 부르는 것"[31]을 우리는 차츰 받아들이게 되었다. 브랜드와 자신을 동일시하는 현상(소비 서사에 자기가 흡수되는 현상)이 기업 브랜드에 매우 중요했던 것은 바로 그들이 져야 할 책임을 소비자에게 떠넘기기 위해서였다.

그건 그들이 수십 년간 써온 수법이었다. 1950년대에 일회용품이 도입되자 코카콜라와 종이컵 브랜드인 딕시컵을 비롯한 포장업계가 '미국을 아름답게Keep America Beautiful'라는 단체를 탄생시켰다. 자신들의 제품이 양산한 쓰레기를 둘러싼 서사를 만들어내기 위해서였다. '미국을 아름답게'는 '쓰레기 투기꾼'이 되지 말라고 미국인들을 꾸짖으면서 일회용품 생산자가 아니라 구매자에게로 비난의 화살을 돌렸다.[32] 1970년대에 부유한 각국 정부들이 재활용 규정을 마련했을 때도 똑같은 일이 벌어졌다. 재활용은 개인이 속죄하는 방법이자 기업이 개별 시민에게 책임을 전가하는 또 하나의 방식이 되었다. 역사학자인 프랭크 트렌트먼Frank Trentmann에 따르면 "재활용은 일시적 위안을 주면서 진정으로 중요한 문제에서 눈길을 돌리게 하는 방편에 지나지 않는다".[33] 쓰레기 투기를 금지하는 캠페인과 재활용 캠페인은 정책 입안자와 기업에 요구할 수 있는 근본적인 변화가 아니다.

그러나 브랜드와 자신을 동일시하라는 거짓말(기업이 개인에게 은밀히 책임을 전가하는 방식)은 속아 넘어가는 개인이 있어야 가능하다. 클라인을 비롯한 여러 사람들은 세계 곳곳의 에드워드 버네이스들이 바라는 만큼은커녕 그 반만큼도 우리를 속이기가 쉽지 않다고 주장해왔다.

우리가 살 수 없는 미래

대안적 사실

담배가 암, 뇌졸중, 심장병을 일으킨다는 반박할 수 없는 증거가 나오기 전에도 흡연자들은 흡연이 목을 자극한다는 사실을 경험으로 알았다. 아메리칸 토바코는 오페라 가수들을 매수해 그러한 사실을 반박하게 했다. 그러고는 담배가 사실 목을 "편안하게 해준다"고 주장하게 하는 한편 러키스트라이크를 추천하게 했다. 그사이 에드워드 버네이스는 아메리칸 토바코의 담배는 자외선으로 구웠다고 홍보하는 보도자료를 만들었다. 그의 말에 따르면 이런 과정 덕분에 아메리칸 토바코는 "심한 자극을 주는 물질이 제거된 담배를 소비자들에게 제공한다". 이 전략은 각색되어 드라마 〈매드맨〉에 삽입되었다. 드라마 주인공인 돈 드레이퍼는 러키스트라이크를 위해 "구웠습니다"라는 광고 문구를 만들어낸다. 돈 드레이퍼는 이어서 설명한다. "광고의 바탕은 하나입니다. 바로 행복이지요." 그렇다면 행복이란 무엇일까? "그건 당신이 무엇을 하든 괜찮다고 안심시켜주는 도로변 광고판입니다." 마음 한구석으로는 그게 결국에는 당신을 죽이고 말리라는 사실을 안다고 할지라도.

버네이스는 담배의 해악을 알린 초기 연구 결과를 맹비난했다. 그리고 담배가 건강에 미치는 위험을 밝혀낸 논문 초록을 의학 학술지에서 찾아, 자기 고용주에게 전달하면서 과학자들이 담배를 옹호하는 반론을 써내도록 계획을 짰다. 버네이스는 그들에게 다음과 같이 말했다. "강력한 공세를 준비해야겠습니다." 그럼에도 수십 년이 지난 1972년에 버네이스는 당시에는 담배가 "목에 순하다"고 여겼고 "오페라 스타들도 추천했다"고 주장하는 글을 〈보스턴 글로브〉에 기고하며 자신을 변명했다. 그는 이러한 추천이 허위였다는 사실을 잊은 것일까? 자기가 벌인 일에 혼란스러웠던 걸까? 버네이스의 전기 작가는 "1930년 초반에 버네이스에게는 담배가 유해하다고 의심할 만한 타당한 이유가 있었습니다"[34]라고 했다. 버네이스는 진실을 모르기는커녕 자기 의도대로 진실을 만들어냈다. 그는 아메리칸 토바코를 부추겨서 오늘날이라면 '대안적 사실*'이라고 불렸을 정보로 가득한, 그러니까 담배의 해악을 알리는 연구 결과와는 상반된 보고서들을 신문 기자들에게 잔뜩 뿌리게 했다. 수많은 정보로 혼란을 일으켜서 기자가 담배에 적대적인 이야기를 보게 되더라도 "반대 관점에 설득되

---

* 보는 관점에 따라 사실이 다를 수도 있다는 논리로 명백한 거짓을 두둔할 때 쓰이는 말이다. 백악관 선임고문이 도널드 트럼프 대통령 취임식 때 역사상 최대 인파가 몰렸다고 주장한 뒤 항공사진으로 거짓임이 드러나자 '대안적 사실을 제시했다'고 대답한 데서 유래했다.

어 그 이야기를 신문에 싣기를 망설이게"[35] 하는 것이 목표였
다. 확실하게 정리된 사실이 없어서 소비자가 스스로 선택을
하지 못하는 상황을 그는 내심 바랐다. 그리고 그는 어느 정도
끔찍한 성공을 거두었다. 소비자들의 행동 패턴이 구체적 현
실을 따라잡기 수십 년 전의 일이었다. 나는 버네이스가 자기
자신도 속여 넘긴 것은 아닌지, 자기가 만든 이야기가 단지 이
야기에 불과하다는 사실을 잊은 것은 아닌지 궁금해졌다.

어쩌면 버네이스가 관심을 기울였던 현실은 대중이 보이
던 집단적 구매 패턴뿐이었을지도 모른다. 하지만 나중에 버
네이스는 개개인이 고집불통이고 다루기 힘든 존재일 수 있으
며 광고인의 바람에 저항하기도 한다는 사실을 발견하게 되
었다. 그의 아내인 도리스는 하루 담배 한 갑을 피우던 흡연자
였다. 버네이스는 사람들의 시선이 없는 집에서는 아내가 담
배를 끊게 하려고 필사적이었다. 버네이스 자신은 담배를 절
대 피우지 않았고 흡연이 아내에게 죽음을 불러오리라는 사실
을 알았다. 그는 아내의 담배를 숨겼고 자녀들에게도 담배가
보이면 숨기라고 했다. 담배를 반으로 자르거나 변기에 흘려
보내기도 했다. 하지만 소용없었다. 자기 남편이 다른 여성들
에게 부추긴 행동을 하면서 도리스는 계속 남편 말에 불복종
했다. 중독과 관련한 그녀의 한 가지 특성이 복잡함을 더했다.

자해로 모자라서 모욕까지 얹으면서 그녀는 가장 좋아하는 브랜드로 팔리아멘트를 택했다.

이야기꾼이 제아무리 기술을 전부 쏟아붓는다고 해도 자기 뜻대로 되지만은 않는다.

우리가 살 수 없는 미래

5장

역사는 끝나지 않았다

All
We Want

과거의 영광이 퇴색한 석유, 유혹적인 담배, 약에 취한 듯한 흥분으로 가득한 인스타그램과 트위터에 의존하지 않고도 인간의 욕구를 채워줄 수 있는 이야기, 시시각각 자신을 만들어가는 이야기를 찾는 것이 나의 다음 목표였다. 내게 약속되었던 완벽한 삶을 버리는 대신 삶 자체가 빚어내는 평범한 일상의 기적을 받아들이게 할 이야기를 원했다.

마케도니아의 왕 필리포스 2세는 자기 궁전을 온통 금으로 덮고 싶어 했다. 어쨌건 발칸 반도에 있는 모든 금광이 그의 것이었다. 그리고 언젠가는 전 세계의 금광도 그의 것이 될 터였다. 그런데 그가 찬란한 빛으로 백성들의 경탄을 끌어내면 안 될 이유가 있을까? 그의 손이 닿는 모든 물건이 가장 훌륭하고 값비싸고 희귀한 것이면 안 될 이유가 있을까? 필리포스 왕이 가진 모든 것이 이루 말할 수 없이 대단한 그를 더욱더 드높이면 안 될 이유가 정말 있었을까? 그는 그가 탐하는 금만큼이나 고귀한 존재가 아닌가? 예전에는 신에게만 바칠 수 있었던 거대한 조각상들이 필리포스 2세를 위해 세워졌다.[1] 그는 거의 신과 같은 존재였다. 또한 그가 부러움의 눈초리로 바라보던 페르시아 군주들처럼 웅장함과 화려함을 내세우던 지배자였다.

　필리포스 2세의 백성들은 그리스어를 하긴 했지만 '새로운 그리스인'이었다. 그리스 문화를 받아들인 지 오래되지 않은 데다가 남쪽의 아테네인들은 이들이 거칠다고 여겼다. 마케도니아에는 정치 문화가 없었고 독립된 사법부도 의회도 없었다. 오직 막대한 부와 절대 권력을 지닌 필리포스 2세, 자기의 가치를 증명하지 않고는 못 배기는 왕만이 있었다. 세상에서 가장 좋은 것들을 들여와 자기의 보물로 만들어야 했기에 그는 가장 훌륭한 시인과 필경사들을 자기 곁으로 불러들여 궁정 문화를 돋보이게 할 장신구 역할을 맡겼다. 아들인 알렉산드로스에게 교육이 필요해지자 필리포스 2세는 당대 최고의 철학자를 불러들였다. 바로 아리스토텔레스였다.

　아리스토텔레스는 그리스 북부의 작은 도시국가인 스타게이라에서 자라났다. 그곳은 필리포스 2세의 왕좌가 있는 호화로운 마케도니아의 수도 펠라에서 그다지 멀지 않았다. 그는 10대 때 부모를 잃고 바로 아테네로 가서 플라톤의 수제자가 되었다. 그리고 그곳에서 20년을 살면서 꾸준히 학식과 명성을 쌓았다. 알렉산드로스 왕자가 교육을 받을 준비가 되었을 때쯤 아리스토텔레스는 필리포스 2세가 흠모할 만한 대단한 위상까지 올라갔다. 당시 마흔두 살이었던 아리스토텔레스는 높은 명성에도 불구하고 재산은 얼마 없었다. 따라서 필리포스가 제안하는 높은 보수에 귀가 솔깃했을 것이다. 하지만 위험이 따를 게 분명했다. 필리포스 2세의 궁정은 퇴폐적이지만 살얼음판이었고, 화려하지만 간계로 가득했다. 왕의 여러 아내와 장군들은 권력투쟁을 하면서 끊임없이 서로를 죽이고 재산을 갈취했다. 그렇지만 이런 통치자의 제안을 거절하고 후환이 없기를 기대할 수는 없었다. 그래서 기원전 343년에 아리스토텔레스는 펠라로 향했다.

젊은 알렉산드로스는 언젠가 뛰어난 군사전략가로서 페르시아 제국을 파죽지세로 함락하겠다는 아버지의 꿈을 이루게 된다. 하지만 그가 철학도로서 뛰어났다는 증거는 없다. 마케도니아의 왕자와 젊은 귀족들을 가르치는 것은 아리스토텔레스에게 만족스러운 일이 아니었을 것이다. 기간도 예상보다 길어져서 철학자는 10년 가까운 시간을 극도로 압제적인 분위기의 궁전에서 필리포스 2세가 수집한 또 하나의 장신구로서 머물게 된다. 전문가들은 말 그대로 등에 칼을 꽂는 일이 빈번한 폭력적인 (《왕좌의 게임》 현실판 같은) 환경에서 아리스토텔레스가 그토록 오랜 시간 살아남았다는 사실이 놀랍다고 말한다. 하지만 어쩌면 별로 놀라운 일이 아닌지도 모른다. 그는 시종일관 무관심한 듯한 태도를 유지했다. 권력 다툼에 말려

들지 않았고 뇌물과 정사에 초연해 보였다(게다가 아리스토텔레스는 그리스 북부 출신이기는 해도 엄밀히 따지면 마케도니아인은 아니었기에 순수 마케도니아인에게는 별로 위협이 되지 않았을 것이다). 펠라에서 그가 주로 겪은 어려움은 그가 어울려야 했던 사람들 탓이었던 것으로 보인다. 그리고 여기에도 나름 긍정적인 면이 있었다. 그는 지도층의 행동을 관찰하고, 부와 권력이 그들을 비참하게 만드는 광경을 직접 목격했다. 궁정에서 보냈던 기간은 사회 상류층이 어떻게 잘못된 길로 들어서는지 아리스토텔레스에게 가르쳐주었다. 사실 그들은 '좋은 삶'을 누리지 못했다.

에우다이모니아의 비밀

아리스토텔레스가 어떻게 떠나게 되었는지를 보면 이 점이 분명히 드러난다. 기원전 336년 가을에 필리포스 2세는 하얀 예복 차림으로 옛 수도인 아이가이의 극장에 들어갔다가 자신을 지키는 일곱 명의 경호원 중 한 명인 파우사니아스에 의해 죽음을 맞이했다. 파우사니아스는 필리포스 2세의 아내인 올림피아스가 아들인 알렉산드로스와 꾸민 치밀한 음모에 가담했는지도 모른다. 아니면 파우사니아스와 연인관계였던 왕이 강간당한 파우사니아스를 위해 복수해주기를 거부하는 바람에 분노 속에서 저지른 일일 가능성도 있다. 우리로서는 그의 동기가 무엇이었는지 정확히 알 수 없다. 아리스토텔레스는 그 사건을 거의 언급하지 않았다. 자기 고용주가 시해된 일은 그에게 별로 관심거리가 되지 못했던 듯하다. 이 이야기에서 우리가 확실히 알 수 있는 점은 발칸 반도 전역에서 채굴한 금이 왕을 보호해주지 못했다는 것이다.

필리포스 2세는 살해당했고 암살자도 죽임을 당했다. 이어서 왕좌에 오른 알렉산드로스는 군대를 이끌고 페르시아로 향했다. 할리우드 영화에서는 아리스토텔레스가 알렉산드로스와 함께 동쪽으로 떠나지만 실제로는 그러지 않았다. 마케도니아 궁정은 날이 갈수록 장려해졌고 왕자는 알렉산드로스 대왕이 되었으나 아리스토텔레스는 조용히 아테네로 떠났다.

필리포스 2세가 죽고 일 년 만에 아리스토텔레스는 아테네의 아폴론 신전에 리케이온이라는 학교를 세웠다. 아리스토텔레스는 음모로 가득한 궁정에서 벗어나 자기 작업을 체계적으로 정리하고 기록할 수 있었다. 그는 필리포스 2세의 궁정에서 보냈던 세월을 되돌아보았고 그 모든 살해와 음모가 좋은 삶에 가까워지는 최선의 방법이 아니라는 점을 발견했다. 가장 많은 부와 특권을 누리는 사람들이 때로 비참해 보이는 것은 어째서일까? 그는 이들이 잘못된 대상을 좇으며 삶을 허비하기 때문이라고 설명한다. 사실 대부분의 사람들은 권력과 명성, 물질적 안락을 추구하면서 이런 성공의 증표가 그들 삶에 진정한 목적성을 부여한다고 생각한다. 아리스토텔레스는 그의 대안적 목표, 우리가 앞에서 말한 것들 대신 추구해야 할 것들을 설명하기 위해 매우 특별한 단어를 선택했다. 바로 에우다이모니아eudaimonia였다. 처음에 그 단어를 입안에서 굴려보면서 그 아름다움에 강한 인상을 받았다. 그게 사실 얼마나 어려운 단어인지 깨닫는 데 일주일이 걸렸다.

에우다이모니아는 흔히 '행복'이라고 번역된다. 그렇다면 아리스토텔레스는 행복한 상태가 이 모든 것의 목적이라고 말하려던 것일까? 명예나 친절, 헌신 등 다른 덕목은 추구하면 안 된다는 것일까? 서점에 진열된 자기계발서들을 훑어보면 아마 행복이야말로 인생의 유일한 척도라고 생각하게 될 것이다. 게다가 광고들도 전부 행복을 주겠다고 한다. '이걸 사세요. 그럼 행복해질 거예요.' 광고, 염가 판매, 할인 행사는 지극히 행복하고 만족스러운 상태에 도달하게 해주겠다고 약속한다.

다른 번역은 단어에 담긴 조금 더 많은 의미를 전해준다. 에우다이모니아는 '인간적 번영'이고 '축복받은 상태'이며 '더할 나위 없는 행복'이다. 하지만 그 가운데 어떤 단어도 딱 들어맞지는 않는다. 우리는 여전히 '기쁜' 상태, 별문제 없이 도달할 수 있는 흡족한 상태 주변을 맴돌고 있는 듯하다.

아리스토텔레스는 《니코마코스 윤리학》에서 영혼의 활동을 추구하라고 하면서 또 다른 실마리를 준다.[2] 그리고 그 말과 함께 에우다이모니아의 비밀이 드러나기 시작한다. 영혼의 활동은 우리가 획득할 수 있는 것도 얻을 수 있는 것도 아니다. '활동'이란 말은 언제나 무언가가 되어가는 상태이고 존재하는 방식이며, 실천이자 습관이라는 점을 암시한다.

"저는 에우다이모니아가 명사보다는 동사에 매우 가까운 단어라고 봐요." 저명한 고전학자이자 《열 번의 산책》의 저자인 에디스 홀Edith Hall이 런던 자택에서 나와 통화했다. 그녀는 에우다이모니아의 번역이 언제나 "정말이지 말도 안 되게 엉망"이라는 점에 동의했다. 하지만 그녀의 문법적 통찰력은 내 머릿속을 명료하게 정리해주었다. "그건 어떤 상태가 아니라 당신이 하는 무언가예요. 당신은 에우다이모니아를 하지요." 행복은 얻는 것이라고 보는 소비자들의 접근법과는 매우 다른 시각이다. 필리포스 2세가 상징하는 모든 것과 정반대이기도 하다. "그건 동사의 의미를 지녔어요." 홀이 반복해서 말하며 점점 흥분했다. "그건 삶의 방식이고 당신이 실행하기로 결심한 행동들이지요. 처음에는 꽤 의식적으로 결정했던 것들이고

요. 당신의 가족과 직장 동료들, 동료 시민들, 그 밖에 모두와 일상적으로 상호작용하면서 이걸 하지요. 그리고 이건 습관이 됩니다." 하지만 정확히 어떤 '행동 방식'을 말하는 걸까? 아리스토텔레스에게는 어떤 활동이 가장 중요한지에 대한 자기만의 이론이 있었다. 인간은 이성을 발달시키는 삶을 살아야 한다. 그는 이성이야말로 인간을 인간답게 해주는 속성이라면서 이 특성을 발달시켜야 인간다움이 꽃피게 된다고 생각했다.

그러나 인간은 각자 상황, 환경, 능력이 다르기에 각자 할 일도 다르다. 심리학자인 에드워드 데시Edward Deci와 리처드 라이언Richard Ryan은 에우다이모니아가 사람에 따라 다르게 발현된다고 했다. "행복이란 결과나 최종 상태라기보다는 각자의 다이몬, 곧 본질을 실현하거나 달성하는 과정, 다시 말하면 각자의 도덕적 가능성을 성취하는 과정……"[3]이기 때문이다. 내 도덕적 가능성은 당신의 가능성과 다를 수 있다. 그리고 어쩌면 인생 행로에서 어디쯤에 있냐에 따라 달라질지도 모른다. 하지만 여기에 붙잡을 만한 튼튼한 동아줄이 있다. 바로 삶의 의미가 평생 습관처럼 이어지는 '영혼의 활동'에서 온다는 생각이다.

아리스토텔레스에 따르면 이 일은 어떤 인생 경로를 택하든 아무런 상관없이 "평생 동안 일어난다. 제비 한 마리가 왔다고 해서 여름이 오지는 않기 때문이다."⁴ 그러므로 행복, 즉 에우다이모니아는 인간이 결코 성취할 수 없는 무언가다. 그 건 붙잡히지 않는다. 좋은 삶은 매일, 매시간 엮어나가야만 하 는 것이다.

삶의 목적에 대한 새로운 이야기

인간은 이를 잘못 이해하고서 불행을 불러들인다. 인생을 이길 수 있는 게임이라고 생각하면 재앙 같은 결과에 이르게 된다. 고대 로마의 시인인 오비디우스는 미다스 왕의 이야기 를 통해 이러한 재앙에 대해 들려준다. 프리기아의 왕인 미다 스는 디오니소스 신이 잃어버린 사티로스*를 찾아주었다. 디 오니소스는 매우 기뻐하면서 미다스에게 무엇이든 상으로 주 겠다고 한다. 미다스는 '무한히 소원을 빌게 해달라'고 말하는 영리한 아이처럼 자기가 만지는 모든 걸 황금으로 변하게 하 는 능력을 원했다. 디오니소스는 승낙했다. 자기 행동이 뿌듯 했던 미다스는 엄청난 부와 권력, 명성을 기대했다. 그가 참나 무 가지를 만지자 가지가 황금으로 변했다. 돌을 만지자 그것 도 황금이 되었다. 거기까지는 좋았다. 미다스는 자기 궁전에

---

* 반은 인간, 반은 동물의 모습인 숲의 정령.

돌아와서 하인들에게 축하 연회를 준비하라고 했지만 당연히 아무것도 먹을 수 없었다. 그가 집어서 입가에 가져가는 족족 음식은 금으로 변했던 것이다. 잔에 담긴 포도주도 단단한 금으로 바뀌었다. 배에서 꼬르륵 소리가 나는 동안 미다스는 자기가 소유한 부에 눈살을 찌푸렸다. 그는 얼마 전까지만 해도 자기에게 기쁨을 안겨주던 능력에 저주를 퍼붓기 시작했다.

19세기 미국 소설가 너새니얼 호손이 이 이야기를 다시 들려준다. 물질적 탐욕이 내리는 저주를 더더욱 노골적으로 드러내면서. 미다스 왕의 딸은 아버지에게 불평했다. 미다스가 정원에서 딸이 가꾸던 장미를 금으로 바꾸어버리는 바람에 이제 꽃들에서 좋은 향기가 나지 않았기 때문이다. 미다스는 딸을 위로하려고 본능적으로 손을 뻗었고 그로써 딸 역시 파멸을 맞았다. 마케도니아의 필리포스 2세처럼 미다스도 물질에 탐닉하다가 인간성을 잃었고 삶 자체에서 멀어졌다. 나락으로 떨어진 미다스는 디오니소스에게 끔찍한 능력을 도로 가져가 달라고 빌었다. 어떤 결말에서는 마음이 누그러진 신이 주문을 풀어주었다고 한다.

하지만 아리스토텔레스가 전하는 이야기에서 미다스는 굶어 죽는다.

우리 모두에게는 미다스가 될 가능성이 있다. 홀이 내게

우리가 살 수 없는 미래

말했다. "사람들은 하비 니콜스*에서 수천 파운드를 쓰면서 일시적으로 행복을 느끼고는 진정한 만족감을 맛보았다고 착각합니다." 홀은 소비문화를 완전히 바꿔야 한다는 주장을 하려는 것이 아니었다. 아리스토텔레스조차 어떤 사회든 제대로 작동하려면 생산과 무역이 일정 수준에 다다라야 한다고 인정했다. "모두 어른답게 행동하면서 자기에게 그 일정 수준이 어느 정도인지를 정해야 해요." 하지만 아리스토텔레스는 상품이 남는 순간 곤경에 빠질 거라고 경고한다. "그는 우리가 경제성장을 원하지 않는다고 말하려던 걸로 보여요." 홀이 말했다(요르겐 랜더스가 공동 집필한 〈성장의 한계〉와 비슷한 예가 이렇게 고전에도 있다). 사실 아리스토텔레스는 100개가 넘는 도시국가의 역사를 연구해, 지나친 경제성장과 그에 따르는 소득 격차가 극히 해롭다는 사실을 발견했다. 그는 특정 사회에서 가장 부유한 사람이 가장 가난한 사람보다 다섯 배까지는 많이 가질 수 있다고 비율을 제안했다. 그보다 심한 격차는 사회를 불행으로 이끈다. "모두의 경제 수준을 똑같이 맞추어야 한다는 말이 아니에요." 홀이 분명하게 말했다. "그건 감정이 제어하지 못할 선을 넘지 않게 하는 합리적인 비율일 뿐이에요."

---

* 런던에 본점이 있고 홍콩, 사우디아라비아 등에 해외 지점을 둔 고급 백화점.

홀이 그 비율(가장 부유한 사람이 가장 가난한 사람보다 다섯 배 많이 가질 수 있다)을 언급했을 때 나는 그만 큰 소리로 웃고 말았다.

"그래요. 나도 알고 있어요……."

"그러면 우리는 어떤 상황에 처한 거죠? 미국에서 CEO는 일반 직원보다 평균 300배 많은 연봉을 받아요."[5] 아리스토텔레스의 제안 앞에서 우리가 마주한 상황이 새삼스레 어처구니없게 느껴졌다. 지난 20여 년 동안 미국의 빈부 격차는 두 배 이상 커졌다.[6] 소득 격차와 빈부 격차는 해가 갈수록 악화된다(그리고 코로나19 팬데믹 같은 재앙은 이를 더 증폭시킬 뿐이다). 추정치에 따르면 미국 연방정부가 정한 최저임금이 미국의 경제성장에 발맞춰 상승했다면 지금쯤 시간당 24달러여야 한다(하지만 현실에서는 투쟁을 통해 간신히 15달러로 올려놓았을 뿐이다).[7] 나는 너무도 당연한 말을 했다. "단단히 망가진 상태네요."

"우리는 일이 어떻게 돌아가는지 파악을 못 하고 있어요."

"아리스토텔레스라면 21세기를 살아가는 우리에게 뭐라고 했을까요?"

이번에는 홀이 웃을 차례였다. "끔찍하다고 했겠지요. 경제 알고리즘에 지배되다니 정말 끔찍하지요. 통제권을 넘겨준 셈이니까요……. 아리스토텔레스라면 2차 세계대전 이후 스칸디나비아반도에 나타난 사회민주주의 국가를 매우 높이 평가했을 것 같네요."

"아리스토텔레스라면 자기계발서를 우리에게 주지는 않겠지요."

"네."

"그런데 그러면 적어도 우리가 목표를 다시 정의하도록 도와줄 수 있을까요?"

"다시 정의하는 게 아니지요. 애당초 정의부터 해야 해요. 사람들은 이런 생각들을 하지 않아요. 삶에서 무엇을 하게 될까? 살면서 무엇을 하고 어떻게 행동할까?" 하지만 꼬마 아리스토텔레스들이라면 이런 질문을 던지도록 우리를 서서히 유도해나갈 것이다. "저는 여러 학교에 강연을 다녀요. 아이들은 철학과 윤리학을 빨려들어 갈 듯이 열심히 들어요. 열다섯 살이나 열여섯 살이 철학과 윤리학에 입문하고 소비문화에 빠지지 않도록 막을 이상적인 나이지요." 홀은 20세기에 통했던 옛날식 게임이 산산이 무너져 내리는 이때 철학이 우리 생존에 대단히 중요하다고 보았다. "밀레니얼 세대에겐 엿 같은 상황이죠. 젊은 사람들이 마주할 것들을 생각하면 몸서리가 쳐져요."

2019년 여름 그녀는 그리스 전 총리인 요르요스 파판드

레우Georg Papandreou의 초대로 크레타섬에 갔다가 밀레니얼 세대가 겪는 어려움과는 동떨어진 인물들을 만났다. 엄선된 '미래의 중국 지도자' 25명이 아리스토텔레스에 관해 배우기 위해 그리스에 왔다. 정치 경력을 쌓기 위한 준비 과정이었기에 홀은 엄청난 책임감을 느꼈다. 그들은 모두 아리스토텔레스의 견해에 그다지 호의적이지 않은 중국에서 자라난 젊은 엘리트들이었다(중국 기관들은 플라톤과 그의 정치이론에 더 호의적이다). "그들은 정치학을 배우지 않은 사람은 투표권을 가져서는 안 되므로 민주주의는 절대 제대로 작동하지 않으리라고 진심으로 믿어요. 정말로 그렇게 믿어요……. 그런데 제 생각에는 아마 그중 두 명에게는 영향을 준 것 같아요. 저는 그들에게 개인 윤리와 세속 윤리에 관해 가르쳐보려고 했어요." 그녀가 맡은 임무와 어린 알렉산드로스를 가르치던 아리스토텔레스의 임무 사이에는 닮은 점이 있었다. 아리스토텔레스처럼 홀도 세계적 전문가로서 그곳에 갔고 미래의 왕들이 깨달음을 얻도록 도왔다. 삶에서 호화롭고 훌륭한 것만을 보아온 데다 지구상에서 가장 큰 특권을 누리는 젊은이들에게 철학을 가르치고 막대한 부 너머로 시선을 돌리게 한 뒤 인생의 목적에 관한 근본적 질문을 던지게 하는 것은 절대 쉽지 않은 일이었다.

"이런, 만약 중국이 이상한 길로 빠진다면 누굴 탓해야 할

우리가 살 수 없는 미래

지 알겠네요." 내가 말했다.

홀이 탄식했다. 내 농담이 공기 중에 기묘하게 떠다니는 동안 우리는 잠시 침묵 속에 앉아 있었다. '약간의 철학이 미래의 지도자들을 좋은 방향으로 이끌지도 모르고 어쩌면 그들이 더 건전한 세상을 만들어나가도록 도울지도 모른다는 생각이 왜 우스꽝스럽게 느껴졌을까?' 갑작스레 궁금증이 일었다. 사람들이 삶의 목적에 관한 새로운 이야기를 발견할 수 있다고, 새로운 서사를 선택할 수 있다고 믿는 것이 정말로 그렇게 어려운 일일까? 나는 그녀가 하는 일이 소용없다고 말하려던 걸까? 나는 여전히 우리의 이야기가 중도에 바뀔 수 있다고 믿고 싶었다. 지구를 위해서, 그리고 인류를 위해서라도 믿어야만 했다. 이성과 논거 그리고 설득력 있는 철학자 몇 명이 미다스가 들어선 위태로운 길에서 벗어나도록 도울 수 있다고 믿어야 했다. 홀의 노력을 가볍게 여겼던 것이 미안해졌다. 나는 뉘우치면서 질문들을 제쳐두었다. 그리고 우리는 서로의 배우자와 자녀들 그리고 사랑하는 사람들의 병세에 관해 이야기하며 나머지 시간을 보냈다.

완벽한 삶을 버리기로 하다

아즈텍 사람들은 자기들이 인신 공양을 그만두면 하늘을

가로질러 움직이는 태양도 멈추리라고 완전히 확신했다는 글을 읽었다. 하지만 오늘날 그 누구도 펄떡거리는 심장을 신에게 바치지 않는데도 하늘은 무너지지 않고 버티고 있다. 이야기는 끝을 맺기 마련이고 세상은 언제 그랬냐는 듯 계속 돌아간다. 당연하게 여겨졌던 일이 단지 관습에 불과했다는 사실이 밝혀진다. 그리고 관습은 바뀔 수 있다. 정책에 의해 또는 법이나 전쟁, 자연재해, 기술, 바이러스에 의해……. 우리는 소비문화가 삶을 평가하는 한 가지 기준을 제시할 뿐이라는 점에 점차 눈뜨고 있다. 역사가 끝났다는 생각을 털어버린다면 변화는 언제나 가능하다.

그러나 이 생각은 끈질기다. 1989년 당시 36세로 미국 국무부 소속 정책기획국에서 부국장으로 일하던 프랜시스 후쿠야마Francis Fukuyama는 "역사의 종말"이라는 제목의 에세이를 발표했다. 그 안에 오늘날이었다면 TED 강연으로 전달되었을 법한 광범위하고 명쾌한 주장을 담았다. 후쿠야마가 보기에 '역사'는 본질적으로 서방식 자유주의라는 종점을 향해 가는 이념의 기나긴 진화 과정이었다. 대니얼 벨이 인류가 '열정적 이데올로기'를 넘어선 것에 환호했듯이 후쿠야마는 소비에트연방과 베를린 장벽의 필연적 붕괴를 마지막 이념적 장애물로 보고서 그 너머에는 자본주의에 기반한 민주주의가 약속한 미래가 모두를 위해 펼쳐져 있다고 여겼다. 서방 세계는 마지막이 될 완벽한 이야기를 찾아냈다. 이제 역사가 단순히 인류의 자유를 실현하기 위한 행군이라는 것, 종착역(후쿠야마가 주장한 소비자 중심의 미국 사회)에 다다를 때까지 멈추지 않는 여정이라는 것이 분명해졌다. 그는 역사가 "완전한 순간, 최종적이고 합리적인 형태의 사회와 국가가 승리를 거머쥐는 순간에 이르렀다"[8]고 적었다. 흔히 젊은이들은 역사가 자기라는 존재를 위한 기나긴 준비 과정이었다고 생각하곤 하지만 이 에세이는 이 생각을 더욱 멀리 발전시켜나간다. 후쿠야마는 20세기 후반이야말로 진정한 인류 운명의 시작점이고 영원히 변하지 않을 완성된 현실의 시작점이라는 주장을 내놓았다. 후쿠야마의 에세이는 즉각 반향을 불러일으켜서 에세이가 실린 잡지가 매진되었을 뿐만 아니라 그 내용은 워싱턴 D.C.의 지식인들 사이에서 화제가 되었다.

곧장 그의 생각을 비판하는 사람들이 나타났다. 크리스토퍼 히친스Christopher Hitchens는 기가 막히다는 듯 말했다. "마침내 자축이 철학의 위치로 격상되었군요!"[9] 다른 새로운 이데올로기가 곧 등장하지 않으리라는 후쿠야마의 주장은 신흥 공업국인 중국의 부상 또는 종교 근본주의의 부활에 관한 전망을 무시하거나 그가 말하는 '역사'가 이제 겨우 시작된 개발도상국의 곤경을 등한시하는 경우에만 성립한다. 후쿠야마의 에세이는 위대한 역사의 결말을 가리킨다기보다 그를 에워싼 문화가 얼마나 근시안적인지를 알려주는 듯하다. 게다가 그의 선언에도 역사는 끝나지 않았다. 역사가 끝났다는 생각은 역사라는 거대한 책에서 순식간에 넘어간 얇디얇은 종잇장에 불과했다. 역사학자인 거트루드 히멀파브Gertrude Himmelfarb는 이 혼란을 잠재우는 데 제대로 된 역할을 했다. 그녀는 아메리칸 드림은 전 세계가 함께 이뤄야 할 영원한 목표가 아니라고 이의를 제기했다. 모든 현실은 이전에 있었던 일에 대한 반응일 뿐이고 지금의 현실 역시 미래에 반응을 불러일으킨다. "이전 단계의 종합은 현 단계의 정립입니다. 이런 식으로 끝없는 변증법적 순환이 시작됩니다*."[10] 달리 말하면 우리는 영원히 어제가 낳은 결과 속에서 살고 있다. 새로운 드라마, 새로운 서사는 놀라운 만큼이나 불가피하기도 하다.

그래서 이렇게 우리는 오랜 소비 이야기를 가지고 종합을

---

* 이런 생각은 헤겔의 역사관에 기초하고 있다. 헤겔은 역사가 정립, 반정립, 종합의 과정을 반복한다고 보았다. 정립과 상반되는 반정립이 나타나면 정립과 반정립 사이에 갈등이 빚어지다가 그 둘을 초월하는 결론인 종합이 도출된다. 여기서 나온 종합은 새로운 정립이 된다. 이 정립은 새로운 반정립을 만나 새로운 종합에 이르며 이 과정이 계속해서 반복된다.

우리가 살 수 없는 미래

도출해내고 우리 스스로가 내세울 논지가 무엇일지 고민하게 되었다. 우리는 만족감 속에서 배를 두드리고 흥얼거리고 순종하고 고마워하면서 후버 대통령이 말한 "행복 기계"로 남게 될까? 아니면 투표하고 항의하고 소요를 일으키며 대안적인 이야기를 선택하게 될까? 좋건 싫건 현재의 소비 패턴이 계속될 수 없는 미래를 곧장 맞닥뜨린다면 '인간 본성'이나 광고인을 탓하는 것을 멈추고 새로운 삶이 비로소 시작되었다고 생각하게 되기까지 얼마나 걸릴까? 이전에 벌어진 일이 역사의 결말이 아니라 나중에 올 일의 디딤돌이었을 뿐임을 마침내 인정할 때만이 우리는 우리 세대에게 맡겨진 임무를 찾게 될 것이다.

에우다이모니아라는 개념에 관해, 영혼의 활동이야말로 충족감으로 이끌어주는 유일하고 확실한 길이라는 개념에 관해 오래도록 생각했다. 어쩌면 에디스 홀이 말한 대로 21세기에 살아남는 법이 고대 철학 속에 담겨 있을지도 모른다고 생각했다. 내가 보기에, 소비문화는 생명력을 잃은 것들로 우리를 채워주겠다고 계속 제안하는 것처럼 보였다. 이를테면 미다스 왕에게는 더 많은 황금을, 필리포스 2세에게는 더 많은 장신구를 주겠다는 식으로. 하지만 결코 깊이 있는 체험을 주겠다고 약속하지는 않았다. 실천과 습관 같은 이야기도 꺼내지 않았다. 과거의 영광이 퇴색한 석유, 유혹적인 담배, 약에 취한 듯한 흥분으로 가득한 인스타그램과 트위터에 의존하지 않고도 인간의 욕구를 채워줄 수 있는 이야기, 시시각각 자신을 만들어가는 이야기를 찾는 것이 나의 다음 목표였다. 나는 이 위태로운 시기에 살아남을 수 있는 이야기를 원했다. 내게 약속되었던 완벽한 삶을 버리는 대신 삶 자체가 빚어내는 평범한 일상의 기적을 받아들이게 할 이야기를 원했다.

2부

새로운
이야기들

6장

잡음 사이에서 찾아낸 신호

All
We Want

나는 희미한 공간을 더 오래 들여다보기 시작했다. 21세기에 살아남으려면 새로운 존재 방식이 필요했다. 우리는 우리가 믿는 대로 산다. 새로운 서사(소비문화를 그린 멋진 동화 너머의 이야기들)를 끌어내지 못하면 우리는 현실과 조화를 이루지 못하는 삶을 이어나갈 운명에 처하게 된다.

삶의 중반에 이르면 희미한 무언가가 나타난다고들 한다. 그리고 목적이 있던 곳에 뒤죽박죽인 의미가 들어찬다. 몇몇은 두려움 속에서 무의미함을 외면한 채 흥밋거리를 찾아 포르셰와 보석을 산다. 하지만 대부분은 그보다 소소하고 덜 극적인 방식으로 대처해나간다. 마흔에 이르면 우리는 가구를 재배열한다. 우리가 무엇을 추구해왔는지, 무엇 때문이었는지 자문한다. 인생의 궤도를 수정할지 말지 고민하기 시작한다.

마흔이 되었을 때 나는 이 책을 중반 정도 쓴 상태였다. 소비 이야기가 만들어진 과정을 조사하다 보니 한시바삐 이 이야기에서 벗어날 출구를, 다른 이야기를 찾고 싶었다. 그런데 막상 대안으로 여겨지는 것들을 접하자 뿌연 안개 너머를 보는 기분이었다.

시야가 처음으로 뿌예진 것은 수제품을 만드는 사람을 만나고서였다. 어느 오후에 작업장들이 늘어선 길을 따라 개를 산책시키다가 단순한 형태의 작은 배를 만드는 목공을 보려고 걸음을 멈췄다. 침묵 속에서 발휘되는 숙달된 솜씨와 장인 정신, 내게는 완전히 낯선 종류의 목적의식이 그곳에 있었다. 손수 만든다는 것, 목재나 점토가 빚는 대로 바뀌어가는 과정을 지켜본다는 것이 무엇을 의미하는지 그때까지 나는 몰랐다. 하지만 그 사람이 꾸준히 작업하는 모습과 차분한 존재감을 보며 왠지 매료되었다. 그때 삶의 분명한 구성요소가 빠져 있다는 느낌, 시야가 흐려지는 기분이 들었다.

내가 그냥 버려뒀던 공간에서 읽기 힘든 메시지, 내가 온전히 판독해낼 수 없는 문화적 기억이 남긴 자취를 발견했다. 우리의 이해력에는 군데군데 빈곳이 있다. 우리는 다른 존재 방식들, 다른 이야기들이 있다는 사실은 알지만 아직은 제대로 이해하지 못한다…….

우리 삶을 설명하는 새로운 방식

그래서 나는 희미한 공간을 더 오래 들여다보기 시작했다. 폭넓은 시야를 가지고 싶어서이기도 하지만 신중하고 싶어서이기도 했다(21세기에 살아남으려면 새로운 존재 방식이 필요했다). 우리는 우리가 믿는 대로 산다. 새로운 서사(소비문화를 그린 멋진 동화 너머의 이야기들)를 끌어내지 못하면 우리는 현실과 조화를 이루지 못하는 삶을 이어나갈 운명에 처하게 된다.

처음에는 시야가 또렷해질 기미가 없었다. '수제', 즉 사람이 손으로 자연 세계를 빚어내는 방식을 들여다보려 해도 흐릿한 형태만이 보였다. '숭고함', 즉 초월적인 것과의 관계를 경험하려 해도 형태만 달라졌을 뿐 흐릿하기는 마찬가지였다. 그리고 다른 사람을 위한 '돌봄'을 이해하려 해도 또 다른 (그리고 가장 가슴 아픈) 흐릿한 형태만이 보일 뿐이었다. 하지만 그럴 때마다 알고자 하는 욕구가 일어나면서 주변 공기가 떨렸고 희미함이 살짝 걷히면서 언뜻언뜻 형태가 보였다. 나는 공책에 스케치하면서 잡음 사이에서 신호를 찾아내려 했다. 처음에는 대체 무엇이 알아듣기 힘든 신호들로 나를 끌어당기는지 거의 이해하지 못했다. 이 신호들 사이에 어떤 공통점이 있는지도.

그저 뿌연 공간에 드러나기 시작한 이야기들이 무언가 아주 중요한 것, 삶을 설명하는 새로운 방식일 것 같다고만 직감할 뿐이었다. 내가 제대로만 해낸다면 이야기에서 구조와 목적도 발견할 수 있을 것 같았다. 이제부터는 이 이야기를 하려고 한다. 이 이야기들은 내가 소비문화를 벗어나서도 살 수 있는 생존 도구가 되어준다.

　나는 여전히 이 이야기들을 읽는 법을 배우고 있다. 물고기가 별들을 바라보듯이 부연 안개 사이로 이 이야기들을 읽는다.

　　　　　　　　　　　우리가 살 수 없는 미래

7장

수제

자연과의 투박하고 경건한 대화

All
We Want

대량 생산되는 상품에 장인과 같은 관심과 주의를 기울여야만 우리의 삶을 이루는 원재료의 연약함과 아름다움, 즉 지구 자원에 내재한 가치를 이해할 수 있다. 기업가와 광고인들이 떠받치는 화려한 허울 뒤에, 소비문화가 안겨주는 모든 즐거움 뒤에 여전히 돌과 물, 흙이 있다.

나는 조사에 열중하며 일 년가량을 보냈다. 다시 말해 자료를 읽고 전문가들을 인터뷰하고 저녁 식사 중에 같은 화제로 남편을 계속 귀찮게 했다. 소비 문제와 그 끈질긴 속성에 한참 사로잡힌 뒤에야 나는 빠져나갈 구멍, 출구를 찾아가던 참이었다.

　　그러던 어느 날, 시간 가는 줄도 모르고 유튜브 영상을 연달아 클릭하다가(화면 속의 도널드 트럼프는 집회에서 큰소리로 외쳤고, 배우 닐 패트릭 해리스는 〈보그〉 기자에게 자기 집을 구경시켜주었다) 신기한 마법을 부리는 알고리즘에게서 뜬금없는 영상을 추천받았다. 한 노인이 판자로 지은 허름한 건물에서 자작나무 껍질로 카누를 만들고 있었다. 조회수는 145회였다. 몇 주 전에 보았던 작은 배를 만들던 남자가 생각나서였을까. 나는 마우스를 클릭했다.

영상은 시간도 장소도 초월한 듯했다. 그리고 나는 다시 흐릿한 형태를 보는 듯한 느낌을 받았다. 신호가 있어야 할 자리에 잡음만 있었다. 남자가 숙련된 동작으로 카누를 만들면서 나른하고 거칠고 느린 목소리로 설명했다. 나는 앞으로 몸을 기울였다. 작업과 관련된 신비로운 사실을 하나하나 설명하면서 얼음같이 푸른 눈으로 뚫어지게 쳐다보는 그 남자는 얼굴에 주름이 자글자글했다.

이 남자의 뭔가가 안도감을 주었다. 아니, 안도감이라기보다는 시대에 뒤떨어진 조용한 무언가, 상품으로서는 가치가 없는 놀라운 무언가에 관심을 가져도 괜찮다고 느낀 건지도 모르겠다. 거기에는 자신이 다루는 재료를 향한 묵묵한 애정과 자연 세계에 대한 차분한 관심이 있었다. 나는 내가 이 영상에 흥미를 보인다는 사실에 혼란스러웠다. 하지만 그건 어쨌건 대안의 시작(소비 이야기와 결이 완전히 다른 이야기의 첫 문장이자 이 낯선 남자가 자신에게 들려주는 이야기의 첫 문장)으로 느껴졌다. 나는 그를 찾아가보기로 했다.

100만 년간 인간이 해왔던 것

알고 보니 그의 이름은 돈 가드너였다. 정확히 어디인지는 모르겠지만 캐나다 로키 산맥에 있는 밴프 국립공원 근처에 그의 작업장이 있었다. 그 작업장은 차 한 대가 들어가는 차고보다 딱히 크지 않다고 했다. 그 안에서 그는 예로부터 내려오는 방법으로 카누를 제작했고 몇 년 만에 아름다운 작품으로 지역사회에서 유명해졌다. 나는 그곳을 방문해서 그가 대체 무엇 때문에 불필요하게 어려운 일을 하는지, 무엇 때문에 기계로 만들거나 아마존에서 간편하게 사지 않고 굳이 노동을 하는지 듣고 싶었다.

가드너는 나의 방문을 허락했다. 그런데 앨버타주까지 비행기를 타고 가서 자세한 주소를 묻자 그가 이렇게 답했다. "주소요? 아, 그렇지. 당신이 도시 사람이라는 걸 깜빡했군요. 폴리스맨스 크릭 북쪽에 있어요. 까마귀 둥지 근처에서 서풍이 불어오면 퇴비 냄새가 날 거예요." 왠지 불길한 예감이 들었다. 가드너는 혹시 옛 장인을 희화한 사기꾼이 아닐까? 숲속에서 장인으로 행세하면서 현대성을 비판하는 장광설로 나를 즐겁게 해주려는 건 아닐까?

나는 빙하처럼 푸른빛을 띤 물줄기가 구불구불 이어진 폴리스맨스 크릭을 발견하고는 물가를 따라 두 시간 정도 걸었다. 저 멀리 물줄기의 원천에는 푸른 실안개와 거대한 구름 그림자에 물든 산꼭대기가 보였다. 사방에 솟은 소나무는 한낮의 햇빛 아래에서 뚜렷하고 호리호리한 모습을 드러냈다. 점차 주변이 선명해지는 듯했다. 눈에 들어오는 형체와 귀에 들려오는 소리가 하나하나 선명하고 또렷해지면서 물과 숲은 물론, 피처럼 짙은 빨간색의 초크체리를 향해 황홀경에 빠진 채로 바보 같은 감탄사를 내뱉었다. 그렇게 걷다가 마침내 하얀색 페인트로 칠하고 테두리를 옅은 녹색으로 마감한 다 쓰러져가는 건물을 발견했다. 창문 하나가 합판에 가려져 있었다. 돈 가드너의 작업실이었다.

원래 이 건물은 여기서 20킬로미터 떨어진 스케이트장에서 스케이트 타는 사람들이 몸을 녹이는 곳으로 쓰였다. 그러다 어느 겨울에 지역 주민들이 얼어붙은 강을 따라 이 건물을 밀어 현재 위치로 옮겼다. 작은 굴뚝에서 연기가 뿜어져 나왔다.

"계세요?" 나는 문을 두드렸다. 문 안쪽에서 의자가 바닥을 긁는 소리가 났다.

"왔군요! 그럼요, 어서 오세요! 이거 미안하네요!"

그는 장작 난로 옆에 자리 잡고 있었다. 야구 모자 밖으로 회색 머리카락이 약간 삐져나와 있었다. 건물 안은 따뜻했고 갓 자른 나무 냄새가 났다. 가드너가 손에 쥔, 톨킨의 판타지 소설에나 나올 법한 파이프에서는 허브향이 피어올랐다. 그는 미안한 듯이 자글자글한 주름을 드러내며 미소 짓고는 파이프를 피웠다. "아침 마리화나를 다 피운 참이었답니다."

가드너가 털이 긴 털가죽을 씌운 의자를 내게 권했다. 이 건물이 원래 어떻게 쓰였는지 보여주듯, 발아래에는 스케이트 날 자국들이 있었다. 가드너는 난롯가에 놓인 플라스틱 접이식 의자에 앉아 나를 마주 보았다. 그의 어깨 너머에 마구 섞인 목재와 나무껍질 틈에 다음으로 만들 카누의 뼈대가 놓여 있었다. 이 카누에 관한 대화를 시작하고 싶은 마음이 간절했다. 하지만 가드너는 카누에는 크게 관심이 없는 듯했다. 서로 자기소개가 끝난 뒤에 그는 끝이 뾰족한 특이한 물건을 내게 건넸다. "시베리아식 고래잡이 작살입니다. 구식 장치를 사용해서 2미터짜리 막대 끝에 달 생각이에요."

작살의 머리 부분은 서로 꼭 들어맞는 뼈 두 조각으로 되어 있었다. 하나는 달콤한 카페라테처럼 캐러멜색이 대리석 무늬처럼 들어가 있었고 다른 하나는 별로 다듬어지지 않아 오래된 이빨처럼 보였다. "이건 외뿔고래 엄니입니다." 가드너가 캐러멜색 조각을 만지며 말했다. "그리고 이건 바다코끼리 상아지요." 그가 다른 조각을 만졌다. "작살 촉은 동물의 몸 안에서 분리됩니다. 고래를 사냥한다고 해봅시다. 그러면 작살 촉이 막대에서 떨어져나가고 생가죽으로 만든 끈이 남습니다. 카약이나 커다란 가죽 보트인 우미악을 타고 바다에 떠 있다면 작살 촉은 동물 안에 박혀 있을 테고 끈은 물개 가죽으로 만든 부표에 연결될 겁니다. 물개 가죽은 촘촘히 꿰매져서 풍선처럼 부풀어 오르지요." 그 생각에 그의 눈에는 생기가 돌았다. "고래는 이 풍선을 2, 3일 동안 끌고 다닐 테지요. 고래 사냥꾼은 풍선을 보고 추격할 테고요. 고래가 지치려면 그렇게나 오래 걸린답니다. 그때가 되면 노를 저어 다가가서 동맥 같은 데를 찌르는 거지요."

그쯤에서 나는 몇 달 전에 리버먼 교수와 나눴던 대화를 언급했다. 사바나 초원에서 사냥하던 우리 조상들의 인내력에 관해, 그러니까 높은 도파민 수치 덕분에 도망치는 사냥감이 지칠 때까지 끈덕지게 쫓는 것이 어떻게 가능해졌는지에 관해. 가드너는 고개를 끄덕였다. 그에게는 모두 마찬가지였다. "거기에도 같은 원리가 적용되는 거지요. 전 세계 어디에서나요."

나는 가드너가 무척 마음에 들었다. 탐색하듯 빙빙 에두르는 화법과 나무나 뼛조각을 들어 올리는 겸손한 몸짓이 좋았다. 가드너는 캐나다 대초원에서 포플러나무와 가로등 기둥을 타고 놀면서 자연 속에서 자랐다. 봄에는 캘거리를 지나는 엘보강을 따라 조그마한 부빙을 타고 내려가곤 했다. 그는 청

년 시절 이후 세상의 물질적 거죽 아래에 기억과 신화라는 보물이 묻혀 있음을 직감했던 듯하다. 그는 그 보물을 찾아 들여다보고 싶었다. 19세일 때 그는 21일간 스키를 타고 재스퍼에서 루이스 호수까지 300킬로미터에 이르는 빙원과 산봉우리를 가로질렀다. 보기 드물게 힘든 여정이었다. 나중에 40대가 되었을 때는 29일 동안 캔모어에서 태평양까지 스키로 이동했고 밤에는 나무 아래 눈이 적게 쌓인 곳에서 잠을 청했다.

나는 몸을 뒤로 기대어 목에 까슬까슬한 털가죽의 감촉을 느끼면서 작업장 내부를 찬찬히 둘러보았다. 처음에는 아늑해 보였으나(1.5미터 높이로 말려 있는 자작나무 껍질, 벤치와 창턱에 둥글게 말려 있는 대팻밥 몇 줌) 자세히 볼수록 섬뜩해졌다. 톱질 된 사슴뿔 더미에서 여전히 피가 묻어 있는 사슴 다리로, 마치 고문하듯이 받침대 위에 팽팽하게 늘려놓은 가죽에서 타공판에 매달린 어떤 동물의 발로 시선이 옮겨갔다. 어디로 고개를 돌리건 사진과 책들은 물론 각종 진기한 물건들이 보였다. 어떤 벤치 위에는 마야 문자와 신들을 그려 넣은 거대한 판자 두 개가 있었다. 내가 그걸 뚫어지게 바라봤나 보다.

"그건 과테말라와 멕시코에서 왔습니다." 가드너가 그쪽으로 걸어가며 말했다. 나는 공책을 꺼내서 휘갈겨 적었다. "이곳을 떠난 뒤에 아마 어질어질할 거예요." 그가 미소 지었다.

"제가 르네상스형 인간*과 함께 있는 느낌이 드네요."

"누군가 그런 말을 했는데 영 무슨 소린지……. 그 르네상스라는 게 좋은 겁니까, 나쁜 겁니까? 좋은 쪽이었으면 싶군요."

"제 생각엔 호기심 많은, 그런 사람들이었어요."

"음, 좋군요, 그럼. 제가 호기심이 정말 많긴 하지요." 가드너는 얼굴을 문지르고 야구 모자를 푹 눌러썼다. "아이였을 때부터 쭉 나무막대와 돌을 가지고 노는 걸 좋아했습니다. 불을 피우는 것도요. 정말 즐거웠지요." 그가 언제나 흙투성이였기에 다른 아이들은 그를 그럽grub** 가드너라고 부르곤 했다. "글라이더와 배 그리고 댐 같은 것들을 꾸준히 만들었습니다. 타고나길 제작자였던 것 같군요. 100만 년의 세월 동안 무언가를 만들고 싶다는 느낌이 인간에게 중요했던 것 같습니다. 하지만 우리는 어른이 되고 나면 그 느낌을 금세 훌훌 털어버립니다. 더 이상 개울을 보면서 '나는 개울에 띄울 뗏목을 만들 수 있으니까 내가 있을 자리는 여기야'라는 식으로 생각하지 않는 거죠. 그와 함께 뭔가에 온전히 속한다는 느낌도 사라지고

---

* 다양한 분야에 관심을 지니고 두각을 드러내는 사람. 보통 르네상스 시대에 활동하던 레오나르도 다빈치를 그 전형으로 꼽는다.
** '땅을 파다'란 뜻이 있다.

우리가 살 수 없는 미래

요." 그는 내게 고개를 돌렸다. "전 아직 아이인가 봅니다. 계속 그런 상태에 머물렀지요."

사라지는 인간의 일

가드너의 세계관은 그를 제외한 나머지 사람들이 19세기에 떠나보낸 유물처럼 느껴졌다.

1851년 영국 빅토리아 여왕의 남편인 앨버트 공은 발명가 헨리 콜Henry Cole과 힘을 합쳐 대박람회를 개최했다. 세계 최초의 만국박람회였다. 조지프 팩스턴Joseph Paxton 경이 하이드 파크 안에 세운 수정궁에는 산업의 시대가 낳은, 입이 떡 벌어질 만한 온갖 물건들이 모여 있었다. 1만 3000점에 이르는 전시품 중에는 직물에 자동으로 무늬를 넣어주는 자카르의 문직기, 농사일을 자동화해주는 자동 수확기, 식사 준비를 자동화해주는 주방 기구, 자동으로 그림을 그려주는 디게레오타입 카메라* 등이 있었다. 앨버트 공이 막을 올린 미래는 생기 넘칠뿐더러 탐나는 온갖 제품이 빠르게 찍혀 나오는 풍족한 세계였다. 이는 돈 가드너 같은 사람들이 만드는 수제품의 몰락을 초래했다. 산업화된 미래는 기쁨을 선사하긴 했지만 물건

---

* 1839년 발명된 초기 사진기.

이 만들어지는 과정은 사람들에게서 완전히 잊혔다. 대신 우리는 빠른 생산과 완벽한 제품의 상태에서만 즐거움을 찾는다. 대박람회는 새로운 소비자 천국이 도래했음을, 그리고 모두가 받아들일 수 있는 경제 체제가 도래했음을 보여주는 증거였다. 카를 마르크스는 박람회를 방문하고 이렇게 적었다. "이 박람회로 전 세계 부르주아들은 현대판 로마에 판테온을 세웠다. 그리고 자만에 빠진 채 그곳에 본인들을 위해 만들어낸 신을 전시한다."[1] 앨버트 공의 현대식 박람회와 이 행사가 예고한 산업화된 신新경제는 전통적인 수제품의 느린 생산 방식을 웃음거리로 만들었다. 반면 기계에 밀려나던 당시 노동자에게 힘을 실어주고 싶어 했던 사회주의 사상가들은 산업주의에 대한 반발로 잠깐 꽃피었던 미술공예운동(윌리엄 모리스 William Morris의 화려한 직물과 찰스 레니 매킨토시Charles Rennie Mackintosh의 스테인드글라스)을 옹호했다.

자동화 시대에는 제작의 가치와 그에 대한 평가가 떨어진다. 기계는 맹렬한 속도로 재료를 가공하면서 우리가 빠르게 생산된 밋밋하고 저렴한 가구와 옷 그리고 기기를 소비하게 해준다. 그러다 보니 우리는 과거가 없었던 것처럼 착각하게 되었다. 수천 년간 인류 삶의 중심이었던, 손으로 만든 그릇과 옷 대신에 우리는 신비에 싸이고 비닐로 포장되고 사람 손을

우리가 살 수 없는 미래

타지 않은 물건들을 소유한다.

이런저런 종류의 자동화는 아침부터 밤까지 내 삶에 침투해 있다. 아침 식사용 시리얼은 기계가 만들고 포장한다. 밤에 몸을 눕히는 매트리스는 로봇 팔로 제조된 뒤 알고리즘의 지시에 따라 배송된다. 한편 콜센터에 근무하던 직원들은 챗봇으로 대체되어간다. 조립도 생산 라인에서 기계가 한다. 구직자는 소프트웨어로 걸러진다. 계산원은 무인 계산대로 대체된다. 운영 체제는 자동으로 파일을 복구한다. 이것 말고도 수많은 예가 있다. 우리는 자연스레 이들이 제공하는 편의성을 받아들인다. 하지만 이 문제에 관해서는 우리에게 선택권이 거의 없기도 하다. 2030년 중반에는 오늘날 존재하는 직업 가운데 3분의 1이 자동화될 것으로 예상된다(코로나19 팬데믹이 일자리에 막대한 영향을 미치면서 변화 폭이 더욱 커졌다).[2,3]

고용주들은 흔히 이 전망에 기대감을 표한다. 많은 고용주에게 직원은 최대한 피해야 할 돈 먹는 하마다. 이제는 직원을 고용하지 않고도 사업을 이어가기가 그 어느 때보다 쉬워졌다. 사진과 관련된 두 회사를 비교해보자. 필름회사인 코닥은 전성기이던 1988년에 14만 5300명을 고용했다.[4] 하지만 2012년 페이스북에 10억 달러 이상의 금액에 인수될 당시 인스타그램에 고용된 인원은 13명에 불과했다.[5] 현재는 예전보다 훨씬 적은 인간의 노동을 투입하고도 엄청난 가치를 창출할 수 있다.

자기 직업이 여전히 남아 있다고 하더라도 업무는 조각조각 나뉘고 기본적인 부분만 남을 것이다. 애덤 스미스가 《국부론》에서 예로 들었던 핀 공장에서는 핀을 만드는 여러 단계의 과정이 숙련공 사이에 분할되어 있어서 최대한 빠르고 효율적으로 최종 결과물에 이른다. 핀을 만드는 법에 관한 이해는 생산 과정 곳곳에 흩어져 있고 각각의 노동자는 자동화된 거대한 공정에서 하나의 부품으로 전락한다. 달리 말하면 어떻게 핀을 만들지 '시스템'은 알지만 노동자는 모른다. 오늘날 전 세계의 온라인 시장을 본다면 애덤 스미스는 뭐라고 생각할까? 온라인 시장에서 일을 고도로 분업화하다 보니 그 속에 끼어 있는 인간의 존재감은 잊힐 정도로 작아진다. 아마존은 자사 쇼핑몰이 제공하는 어마어마한 선택의 폭에 맞춰서 관리자 대신 기계가 지시하는 대로 포장 상자를 이리저리 옮기는 창고 노동자들을 만들어냈다. 우버가 창조한 거대한 시장은 단순히 휴대전화가 알려주는 대로 이동하는 운전기사들을 만들어냈다. 일의 범위가 점점 좁아졌고 한때는 제법 흥미로웠던 인간 노동이 설 자리는 서서히 사라지고 있다.

경제학자들도 고용주와 마찬가지로 이러한 변화에 불만

우리가 살 수 없는 미래

이 없다. 그들은 자동화로 인해 점점 더 적은 사람들이 점점 더 많은 GDP를 생산하는 현상에 흡족해한다. 경제학자는 한 국가 내 노동자들의 '생산성'을 노동시간당 GDP로 계산한다. 모두가 실업자이지만 이익을 창출하는 슈퍼컴퓨터를 소유한 사회를 상상해볼 수도 있다. 그런 사회에서는 모두가 침대에 누워 있어도 '매우 생산적'일 것이다. 일부 경제학자들은 환호할 것이다. 사람들이 남는 시간으로 대체 무엇을 할지 고심하며 머리를 싸매는 동안 GDP는 문제없이 상승할 테니까.[6]

영혼의 활동

어떤 이들은 노동 대신에 '보편적 기본소득', 즉 기계가 만든 부를 이용해서 정기적으로 현금이나 무료 서비스를 제공할 것을 제안한다. 그리고 다수가 예상하는 것보다 우리는 그런 극적인 사회 개편에 더욱 가까워졌는지도 모른다. 1990년 대부터 세계적으로 경제활동 참여가 줄어들고 있다.[7] 점차 자동화되어가는 세상에서 공동의 부를 실업자들에게 재분배하려는 생각은 처음에는 사회주의적 판타지로 인식되었지만 이제는 점차 실용적인 제안으로 여겨지고 있다. 그런데 그건 축소의 미래상 아닐까? 이 거래에서 기록되지 않은 비용은 무엇일까? 행위 주체성, 기술과 참여가 얼마나 사라지고 있는지 사람들이 구태여 측정하려 할까?

　노동하지 못하는 사람에게는 실제로 어떤 일이 벌어질까? 무기력이나 우울 같은 분명한 위험 요소 말고도 이들은 어떻게 물건들이 만들어지는지, 왜 그런 방식으로 짜여 있는지를 비롯해서 모든 방면에 걸친 경험에서 멀어질 것이다. 가장 이상적인 일은 언제나 호기심을 발휘하고 주의 깊게 들여다보고 새로운 관계를 맺게 한다. 할 일이 전혀 없다는 것, 즉 직업이나 취미 활동이 없고 어떤 노동도 하지 않는다는 것은 호기심 없는 수동적인 상태에 자신을 내맡기겠다는 이야기다(분노에 내맡기겠다는 뜻이기도 하다. 뇌 속의 도파민은 자원을 추구하는 행위를 인간에게 필수적인 요소로 만들었다. 얻으려고 노력해야 할 대상을 빼앗아버리면 인간은 곧 저항할 것이다).

　부처 같은 이들처럼 아리스토텔레스도 노동이 단순히 필요악이 아니라고 느꼈다. 그에게 노동은 능력을 발휘하고 근육을 활용하고 가능성을 펼치게 해주는 수단이었다. "영혼의 활동"을 통해 좋은 삶을 이루어낼 수 있다는 아리스토텔레스의 주장에 동의한다면 우리가 스스로 하기로 결심한 일은 영혼의 활동이 되고 좋은 삶을 매일매일 현실화해나가는 과정이 된다. 경제학자이자 철학자인 E. F. 슈마허E. F. Schumacher는 예로부터 내려오는 진리와 여가 중심 삶에 관한 현대인의 환상을 비교한다.

> 일의 대안으로 여가를 얻으려는 것은…… 인간 존재에 관한 기본적 진리 하나를 완전히 오해한 탓에 일어나는 일이다. 일과 여가는 상호보완적으로, 둘 다 삶의 일부이고 일에서 느끼는 기쁨이나 여가에서 오는 행복을 파괴하지 않고는 분리될 수 없다.[8]

그런데 슈마허가 말하는 "일에서 느끼는 기쁨"이란 무엇일까? 우리는 대부분 근무시간에 계속 시계를 쳐다보면서 언제쯤 가족과 친구에게로 돌아갈 수 있을지, 언제쯤 넷플릭스를 보면서 편하게 시간을 보낼 수 있을지를 생각한다. '기쁨'은 일이 끝난 후에 얻을 수 있는 것으로 보인다. 심지어 시인과 화가처럼 영감이 이끄는 삶을 사는 이들도 창작의 즐거움에 빠져 있을 때보다 미지급된 보수를 달라고 재촉하고 짧게 임시로 일하면서 더 많은 시간을 보낸다.

심리학자인 미하이 칙센트미하이Mihaly Csikszentmihalyi는 우리가 마음을 사로잡는 일에 더 많은 시간을 쏟는다면 행복의 문이 열리리라고 생각했다. 물론 가난과 장애, 질병을 포함한 수많은 장벽이 이를 가로막을 수 있다. 게다가 우리 다수는 지루

하고 보람 없는 노동에 지친 상태다. 우리는 보통 개인적 성취가 아니라 괴롭더라도 경제적 필요 때문에 일한다. 하지만 경제적 노동은 노동의 한 종류에 불과하다. 보람 있는 일은 보통 경제 시스템 바깥에 존재하며 제과 제빵이나 원예 등 수많은 취미활동이 여기에 포함된다. 우리가 어떤 일을 하는 과정에 더욱 빠져들 수 있다면, (돈벌이가 되든 되지 않든) 좋아하는 일에 호기심을 느끼면서 시간과 노력을 들일 수만 있다면 우리는 칙센트미하이가 '몰입'이라고 부르는 상태, 즉 자기 자신조차 잊은 채 집중하는 만족스러운 상태로 어느새 넘어가게 된다. 일상의 불안과 시간조차 잊고 자의식이 사라지는 한편 새로운 자신을 발견하게 된다. 그는 노동을 하면서 진이 빠지는 대신 오히려 활력을 얻고 반쯤만 주변을 의식하는 행복한 상태를 이렇게 설명한다.

> 우리가 대개 믿는 바와 달리 이러한 순간, 즉 우리 삶에서 가장 좋은 순간은 수동적·수용적이거나 휴식을 취하는 시간이 아니다……. 최고의 순간은 보통 어렵고 가치 있는 일을 해내려고 자발적으로 노력하면서 몸과 마음을 한계까지 밀어붙였을 때 온다.[9]

우리가 살 수 없는 미래

우리는 고용주들이 우리에게 일상적인 성취감을 제공해 주기만을 기다려서는 안 된다. 그들은 그런 일에는 절대 서두르지 않는다. 그마저도 관심이 있을 때의 이야기지만 말이다.

현대에 불만이 만연한 이유 중 하나는 직장 덕분에 소비에 따르는 즉각적인 보상을 누릴 수 있게 되면서 우리가 흥미도 보람도 없는 노동을 오랫동안 이어나가기 때문이다. 우리는 보통 남의 말을 믿고 희망을 품은 채 말년에 받을 상을 떠올리면서 단조롭고 고된 일과 권태를 묵묵히 견뎌낸다. 하지만 누구나 아리스토텔레스가 말한 영혼의 활동을 추구할 자격이 있다. 고용주가 기회를 제공하지 않더라도 우리는 스스로 영혼의 활동을 추구해나갈 수 있다.

재료와 과정에 관한 물음들

가드너와 나는 난로가 있는 구석에서 나와 작업장 안에서 가장 눈길을 끄는 미완성 카누를 살펴보았다. 뼈대는 만들어졌고 그 아래 아직 붙이지 않은 나무껍질이 놓여 있었다. 둥글게 말린 거대한 자작나무 껍질의 한 면을 따라 껍질눈*이 눈에

---

* 나무껍질에 있는 공기가 드나드는 통로로 다른 부분보다 약간 튀어나와 있다. 피목이라고도 한다.

찍힌 새 발자국처럼 나 있었다.

"나무껍질을 어떤 기준으로 고르나요?" 내가 물었다.

가드너는 잠시 생각하더니 수줍은 듯이 모자를 잡아당겨 눈을 덮었다. "음, 바에 들어가는 거랑 비슷한 것 같네요. 둥글게 돌아보면서 분위기를 느끼죠. 덤불 속에서 아름다운 나무를 보는데 햇살이 비친다면……. 음, 자작나무의 남쪽 면은 매끈하고 하얘서 햇살을 받을 때는 바에 있는 여자처럼 아름답죠."

"이 나무껍질은 얼마나 두껍나요? 그다지 두껍지 않죠?"

"3밀리미터 정도입니다. 그보다 얇으면 배를 만들 만큼 튼튼하지 않아요. 그보다 두꺼우면 모양을 잡을 수 없죠. 두께는 매우 중요해요."

알고 보니 모든 게 중요했다. 재료나 과정에 관한 물음은 연관된 이야기와 철학 그리고 올바른 태도에 관한 대화로까지 이어졌다. 껍질눈도 보기 좋은 것과 볼품없는 것으로 나뉘었고, 떨어진 나뭇가지 탓에 생긴 상처가 나무의 활용 가치를 바꿔놓기도 했다. 이와 관련된 속성이 모두 20개쯤 되었는데 그중 하나라도 충족되지 않으면 그 나무는 사용할 수 없다. 작업장에서 몇 시간 떨어진 곳에 가드너가 아는 장소가 있다. 골짜기 옆의 북방 수림은 물 빠짐이 좋고 나무들의 나이도 적당하다(그는 정확한 위치는 말해주지 않았다). 알맞은 나무를 찾아 숲속

우리가 살 수 없는 미래

을 돌아다니고 사다리를 걸고 10센티미터가량의 칼로 나무를 베고 껍질을 벗겨내다(이때 나무의 생명 유지에 필수적인 수액을 건드리지 않도록 주의한다) 보면 온종일이 걸리기도 한다.

"물론 이건 애들 장난에 불과합니다. 활 만들기에 비하면요." 그가 말했다. 그러고는 내 뒤에 있는 벤치를 엄지로 가리켰다. 나는 뒤돌아보았다. 불규칙한 모양으로 둥글게 말린 대팻밥 사이에 활 두 개가 놓여 있었다. 하나는 주목으로, 하나는 엘크의 뿔로 만들었다. 나는 활을 바라보았다가 다시 내가 여기까지 먼 길을 달려온 이유인 근사한 카누로 눈길을 돌렸다가 도로 활을 보았다.

"그럼 대신 활에 관해 이야기해볼까요?" 내 말에 가드너는 바로 자리를 옮겨서 오래된 뼈 더미를 뒤지더니 절단된 사슴 다리 아랫부분을 꺼냈다. 검고 단단한 발굽에는 토피 사탕 같은 갈색 털이 2, 3센티미터가량 남아 있었다. 나머지 부분에서는 가죽과 살이 제거되었고 국물을 우리기에 적당한 뼈 두 개만이 피 묻은 채 관절로 연결되어 있었다. 가드너가 엉긴 피 사이를 칼끝으로 푹푹 찌르자 동물의 '무릎' 바로 아래에서 실 같은 것이 나왔다. 그건 통통한 스트링 치즈를 쭉 찢을 때처럼 뼈에서 떼어졌다. 나는 내 다리 뒤에 붙은 힘줄이 떠올라 몸서리가 쳐졌다.

가드너가 벤치 쪽으로 다가가자 그제야 어지럽게 흩어진 대팻밥 속에서 말라비틀어진 기다란 힘줄들이 보였다. 방금 그가 떼어낸 것과 같은 힘줄들이었다. 나중에 알게 되었지만, 활 제작자들은 수백 년 동안 나무와 힘줄을 결합해왔다. 캘리포니아에 살던 원주민들은 아시아 스텝 지대에 살던 유목민과 마찬가지로 힘줄로 강화한 활로 사냥을 했다.[10] 힘줄은 활 제작에 쓰이는 나무보다 인장강도가 네 배 높다. 두 재료를 함께 고정하는 과정은 동물의 힘과 나무의 형태를 합치는 일종의 연금술이다. 합성궁은 또 하나의 선택지다. 동물의 뿔이 이 조합에 합쳐지면 활이 압축 하중을 더 잘 견디게 된다. 재료들과 밀접한 관계를 맺고 수백 년간 조금씩 개선해나가는 과정에서 우리 조상들은 세계 각지에서 독자적으로 이러한 해법을 찾아냈다. 1930년대 벨 연구소의 과학자들은 수학적으로 완벽한 활 디자인을 연구했으나 그들이 발견한 해법은 결국 신석기 시대 사람들이 만들어낸 활과 다르지 않았다.[11]

가드너는 기다란 힘줄 하나를 벤치에서 집어 올리고는 입 안에 넣고 침으로 축축하게 적셨다. 그는 주목으로 만든 활을 잡고는 입에서 꺼낸 힘줄을 대고 눌러서 그걸 수백 개의 비슷한 가닥들로 나누었다. 나무와 힘줄과 침이 결합되었다.

"이 활은 오랫동안 만들어왔나요?" 나는 다른 활을 집어

우리가 살 수 없는 미래

서 손끝에 놓고 균형이 잡히는지 살펴보았다.

가드너는 내게서 활을 가져간 뒤 다시 내려놓았다. 그리고 활에 시선을 고정하고는 흐트러진 머리를 쓸어 넘겼다. "15년째 만들고 있지요."

돈 가드너는 엘크 뿔이 실제로 어떤지를 내가 헤아릴 수 없는 방식으로 이해한다. 모든 장인처럼 그도 재료의 실상을 고려해야 하기 때문이다. 가죽 세공인은 느낌대로 아무 용액에나 가죽 끈을 담그면서 가죽이 무두질되기를 바라지 않는다. 대신 황산 크롬에 손을 뻗는다. 도예가는 자기를 전자레인지에 굽지 않는다. 대신 가마 온도를 섭씨 1300도에 맞춘다. 자연의 실상을 존중하는 마음은 인간의 욕망을 생태학적 진실보다 우선시하는 파괴적 환상에 빠져들지 않게 도와준다.

물질적 진정성을 계속 등한시하고 디지털 복사본과 편리한 복제품을 위해 살다 보면 점차 실제 비용과 이익, 소요 시간과 자연 법칙을 존중하지 않게 된다. 이런 데 관심을 기울이지 않으면 환경에 미치는 영향에 무관심해진다. 수제는 이런 사고방식을 고쳐준다. 수제를 하다 보면 우리는 점차 경이로움에 눈뜨게 되고, 이 느낌은 나무와 돌을 살필 때에만 찾아오지 않는다.

흥미를 지니고 주변을 둘러보는 법을 배우면 모든 생명

체가 새롭게 보인다. 전자 현미경으로 좁쌀만 한 면적을 주의 깊게 응시하다 보면 초파리의 눈이 풍선이랑 창으로 덮인 벌판으로 보인다. 달걀 껍데기는 거대한 마대 자루로 보인다. 달팽이 혀는 외계인의 몸에 달린 기괴한 기관처럼 보인다. 인간의 감각 기관으로는 들을 수 없는 소리, 볼 수 없는 광경, 맡을 수 없는 냄새가 있다. 압력을 받은 마그마는 우리 귀로는 감지할 수 없는 초저주파 음을 내면서 조화롭게 진동한다. 엑스선과 감마선, 마이크로파 모두 우리 눈에 보이지 않는 빛을 발하며 모두 제 일을 한다. 아프리카코끼리는 인간보다 후각수용체가 다섯 배 많아, 몇 킬로미터 떨어져 있는 물의 냄새를 맡을 수 있다. '있는 그대로'의 세상은 우리가 평생 이해할 수 없을 신호들과 기적 같은 특징들로 가득하다. 그리고 이러한 기적을 존중하는 마음을 간직하는 것이 중요하다. 이들이 산소와 탄소를 흡수하고 약과 영양분을 제공하는 일종의 지원 체제가 되기 때문이다. 우리가 이런 데서 흥미를 느끼지 못하면 이들을 남용하고 파괴할 위험이 있다.

물론 유혹에 빠지기 쉽다. 삶은 이제 물질적 기반을 숨긴, 이해하기 힘든 완제품을 맞이하는 일련의 긴 과정이 되었다. 예를 들면 이 책을 쓰기 시작했을 때 나는 이케아에서 40달러짜리 탁자를 주문했다. 나는 탁자를 조립한 뒤 층계 위에 있

　　　　　　　　　　　　　우리가 살 수 없는 미래

는 내 '사무실'에 가져다 놓았다. 탁자 부품은 아마 중국이나 베트남, 미얀마에서 제조되었을 것이다. 정확히 알 수는 없다. 이케아는 1000군데가 넘는 협력 업체를 두고 있고 이들은 50개국에 흩어져 있기에 어떤 제품 안에 무엇이 들어갔는지 알아내려는 시도는 그야말로 헛고생이다. 내가 산 탁자가 다리는 강철로 만들어졌고 상판은 멜라민으로 감싼 벌집 구조 판지라는 사실은 알았다. 하지만 이케아에 연락해서 누가, 어디에서, 무엇으로 만들었는지 알아내려고 하자 벽에 부딪혔다. 수개월간 메시지가 오가고 커뮤니케이션 부서에서 여러 차례 약속을 받았으나 그 뒤로 침묵이 이어졌고 결국 별다른 진전을 이뤄내지 못했다. 이상하고 어려운 부탁으로 보였을 것이다.

하지만 그렇게 여겨서는 안 된다. 물건 제작에 들어간 재료와 노고를 존중하는 마음은 가구 장인이 만든 작품에만 한정되어서는 안 된다. 사실 대량 생산된 책상이 소비자에게 도달하기까지의 과정을 이해하는 일이 더 중요하다. 어쨌건 전 세계 목재 공급량 가운데 이케아가 사용하는 양은 다른 대부분의 소매 업체보다 많다(이케아는 심지어 수요를 맞추기 위해 루마니아에서 336제곱킬로미터 규모의 숲을 샀다).[12]

대량 생산되는 상품에 장인과 같은 관심과 주의를 기울여야만 우리의 삶을 이루는 원재료의 연약함과 아름다움, 즉 지구 자원에 내재한 가치를 이해할 수 있다. 모든 햄버거와 왓츠앱 메시지, 저렴한 티셔츠 뒤에는 보이지 않지만 엄청난 물질적 실상이 있다. 기업가와 광고인들이 떠받치는 화려한 허울 뒤에, 소비문화가 안겨주는 모든 즐거움 뒤에 여전히 돌과 물, 흙이 있다. 다시 말해 인간에게 필요한 59해 7000경 톤에 이르는 행성이 있다.

물질세계가 진정으로 중요하다고 여긴다면 그걸 파괴하려는 마음도 줄어들 것이다.

뻗어나가고 탐험하고 시도하고 배우는 손

가드너는 벽난로 옆에서 자기 손을 쥐어짜며 몸을 숙였다. "망령 날 때가 되니, 그러니까 나이가 들고 보니……."

"이해했어요."

"망령 날 때가 되니, 저…… 음." 그는 다시 골똘히 생각했다. "예전에는 하이킹하며 지나친 풍경들에서 마법 같은 요소들을 발견하곤 했어요. 이제는 그걸 어디에서나 발견하지요. 바로 여기에도 있습니다. 그 냄새를 맡을 수 있어요. 소리도 들을 수 있고요. 만질 수도 있는데, 바로…… 감각중추를 통해서지요." 그는 알맞은 단어를 찾아 자랑스러운지 나를 향해 미소 지었다. "감각중추." 그는 고개를 끄덕이고 나서 마법이 이제 어디에나 있으며 지구에서 가장 단순한 것과 가장 복잡한 것 모두에 존재한다고 반복해서 말했다. 그러고는 다음 작업장은 야외에 만들 거라고 했다. 그러면 옛 조상들처럼 시시각각 달라지는 공기 속에서 일할 수 있을 거라고도 덧붙였다.

그는 작업을 통해 깊고 거대한 행성과 하나가 된 듯했다. 그 세상에서 그에게는 해야 할 역할, 떼놓을 수 없는 천직이 있었다. 직업이 천직이 되면, 노동에 애정을 지니고 재료에 친숙함과 애착을 느끼게 되면, 일이 우리를 지탱해주는 서사, 우리가 누구인지 알려주는 이야기가 되지 않을까 생각한다.

이때 독일어 단어인 '빌둥Bildung'이 유용하다. 이 단어에는 '교육'과 '형성'이라는 두 가지 뜻이 있다(영문학에는 빌둥스로만Bildungsroman, 즉 주인공의 인격이 형성되는 시기를 그린 소설 장르가 있다). 장인의 빌둥, 즉 매일 기술을 쌓아나가고 관찰해나가는 과정은 한 개인이 형성되는 과정에 영향을 미치고, 그들이 앞으로 살아갈 삶에 대비하게 해준다. 달리 말하면, 평생 노동에 애정을 지니고 천천히 체득하며 배우는 것에 몰두했기에 가드너는 아침에 일어나면 자기가 어디로 갈지 알고(자기 작업장으로 간다), 그러한 사명은 그에게 당연해 보인다. 그에게는 내가 결코 가진 적이 없는 확신이, 진작 본받지 못해 아쉬운 자기

수양의 마음가짐이 있었다. 그때는 그의 수제 작업이 소비문화가 조장하는 낭비에 대항할 합리적 해결책으로 보였다면 이제는 일종의 정신적 위안으로 느껴졌다. 그는 누리지만 나는 누리지 못하는 부러운 삶의 자세이기도 했다.

그때 작업실 문을 두드리는 소리가 났다.

"미안해요. 누구든 찾아오면 항상 맞아주거든요." 가드너는 문을 열고서 한 남자를 맞았다. 그 남자는 자신을 크리스라고 소개했다.

"당신은 카누예요?" 크리스가 반쯤 만들어진 배에 턱짓하며 내게 물었다. 나는 잠시 그가 미쳤다고 생각했다. 그러다가 그가 나더러 카누 만드는 사람이냐고 물었음을 깨달았다.

"아니요. 작가예요."

"세계적으로 유명한 작가지!" 돈이 덧붙였다. "그리고 여기 있는 크리스는 세계적으로 유명한 반✚장님에다가······."

"불구지." 크리스가 제안했다.

"불구야!" 돈이 따라 말했다(나는 이게 농담인지 아닌지 확신이 서지 않았다).

우리 셋은 얼마간 크리스와 돈이 어쩌다 알게 된 사람들에 관해 이야기를 나누었다. 예전에 야생동물을 보호하는 일을 했던 크리스는 돈의 벤치로 다가가더니 뿔을 집어 들었다.

　　　　　　　　　　우리가 살 수 없는 미래

"차에 치여 죽은 것 같아. 큰뿔양이었지." 돈이 내게 윙크했다.

"엄청 빠르네." 크리스가 대답했다. 나는 다시 혼란에 빠졌다. 사람들은 카누고 뿔은 빨랐다. 크리스의 언어는 비밀스럽고 기이한 데다 나 같은 비전문가는 이해하기 힘들 정도로 축약되어 있었다.

돈은 뿔의 주인을 기억해내려 했다. "아마 여덟 살이나 아홉 살이었을 거야."

"아, 그럼 무지무지 빠르네." 크리스가 말했다. 그제야 나는 크리스가 뿔이 빠르게 자란다는 말을 하고 있음을 알아차렸다. "이 주변에서는 이런 뿔을 구할 수 없을 거야." 크리스는 내가 살펴볼 수 있게 뿔을 들어 올렸다. 그제야 나는 큰뿔양의 삶을 시기별로 구분해주는 나이테가 있음을 알아챘다. 어두운 층은 힘든 시기를 나타냈다. 뿔은 동물이 겪은 트라우마와 풍요, 기근이 단단한 형태로 남은 기록이었고, 크리스는 이를 보고 동물의 건강 상태와 먹이를 추정할 수 있었다. 그는 심지어 큰뿔양이 어느 산비탈을 돌아다녔는지도 추측할 수 있었다. 그들의 대화는 이런 식으로 계속 이어졌다. 그들이 관찰한 내용은 잘 알려지지 않은 사실로 가득해서 그들이 현실을 매우 세세하게 이해하고 있음을 드러냈다. 나는 도달해본 적이 없는 경지였다. 그들의 감성이 현대와 동떨어져 있고 지난날의 유물 같아 보일지도 모르지만 한편으로는 21세기를 살아가는 영리한 생존 전략이 될 수도 있겠다는 생각이 번뜩 들었다. 우리 삶을 지탱해주는 나무와 바람, 해를 더 제대로 인식하라는 것이 우리 시대의 요구이기에.

점차 초점이 맞춰지면서 이야기가 선명해졌다. 내가 전에 느꼈던 흐릿함이 잠깐이나마 뚜렷하고 현실적인 형태로, 무언가 붙잡아야 할 것으로 바뀌었다. 그건 뻗어나가고 탐험하고 시도하고 배우는 손에 관한 이야기였다. 밖으로 걸어 나가 세상과 만나는 이야기였다. 부연 시야가 걷혔다. 뿔을 서로 주고받는 둘을 관찰하면서 나는 인류만큼이나 오래되었지만 내게는 완전히 새로운 무언가가 내 눈앞에 있음을 느꼈다.

그날 늦게 숙소가 있던 밴프 시내로 다시 운전해 가고 있는데 거대하게 우뚝 솟은 로키 산맥의 모습이 어쩐지 전보다 불길해 보였다. 고속도로는 골짜기를 끼고 굽이굽이 뻗어 있었고 사방을 둘러싼 산은 비스듬히 쏟아지는 햇살에 구릿빛으로 물들어 어둑하고 위험해 보였다. 꼭 무슨 일이라도 일어날 것 같았다. 그리고 그 빛을 보면서 문득 이 산맥을 전에 본 적이 있다는 생각이 들었다. 바로 앞 산맥에는 나무가 없어서 수십억 년 된 대륙지각이 그대로 노출되어 있었다. 석회석과 세

일로 이루어진 거대한 지층이 하늘 높이 솟아 있었다. 마치 지구가 거죽을 뜯고 속살을 드러낸 듯했다. 그제야 그 장면을 어디에서 봤는지(혹은 상상했는지) 기억났다. 나는 그 장면을 옛날 옛적 해저에 내려앉은 뒤 층을 이룬 바다 눈에서 보았다. 나는 또 가드너의 작업장에 있던 마디 진 뿔을 떠올렸다. 여기에도 마찬가지로 세월의 흔적이 묻어나는 층들이 있었다. 돈과 크리스가 보았던 것은 단순히 어떤 양의 뿔이 아니라 바로 그 층, 거시적 차원의 패턴과 과정이었다. 그건 세상과 삶을 보여주는 거울이기도 했다. 그런 점에서 그 순간 산맥과 해저, 그 광활한 표면을 돌아다니는 인간을 비롯한 동물들은 모두 하나였다.

8장

숭고함

우리가 소유할 수 없는 아름다움

All
We Want

자연의 힘과 마주한 인간은 부끄러움을 느끼고 제자리로 돌아간다. 인간은 자연의 일부이며 결코 그 주인이 될 수 없다는 사실을 알게 된다. 소비문화의 주장은 그와 정반대다. 소비문화는 당신이 자연의 일부가 아니라 자연의 지배자라고, 화산은 당신을 삼킬 엄두를 못 낼 거라고 속삭인다.

돈 가드너의 작업장을 다녀온 지 2주가 지났으나 나는 여전히 밴프 센터 근처에 묵고 있었다. 나는 밴프 센터의 강사진에 합류해, 에세이를 읽거나 작가들에게 배정된 작은 오두막에 들러서 그들과 함께 오후 시간을 보냈다. 가끔 나를 비롯한 강사진과 작가들은 가장 큰 오두막에서 만남의 시간을 가졌다. 삐걱거리는 의자에 앉아 커피를 마시면서 우리는 글쓰기에 관해 이야기를 나누었고, 우리가 공유하는 불안을 열심히 토로했다. 하지만 아침이면 나는 일찍 일어나 체육관에서 운동 삼매경에 빠졌다. 나는 해가 뜨고 얼마 지나지 않았을 때 체육관으로 향했다. 반쯤 깬 상태로 부들부들 떨면서 캠퍼스 중앙에 있는 작은 숲을 가로지르는데, 내 머릿속의 도마뱀 뇌인 편도체가 경고를 보내왔다. 나는 나무 사이에 얼어붙은 채로 귀에서 이어폰을 빼냈다.

왼쪽에서 콧방귀 소리가 들렸다. 거대하고 근엄한 머리가
한쪽으로 기울었다. 어쩌다 보니 나는 족히 열두 마리는 되어
보이는 엘크 무리 안에 들어와 있었다. 나는 가드너의 작업장
으로 가는 길에 엘크 한 마리를 보았을 때도 겁을 먹었다. 당
연히 이 상황에서는 공포로 몸이 마비될 지경이었다.

이곳에 도착했을 때 직원이 이렇게 경고했다. "뭘 하든 간
에 어미 엘크와 새끼 엘크 사이로는 발을 들이지 마세요. 그럼
어미가 돌진할 거예요." 나는 반쯤 의식이 있는 상태로 용케도
엘크 무리 안으로 들어왔고, 이제는 서너 마리의 어미와 새끼
사이에 있었다. 잠은 확 달아나버렸다. 나는 앞으로도 뒤로도
갈 수 없었다. 무게가 300킬로그램이나 나가는 생물들의 주의
가 온통 내게 쏠린 순간, 나는 거미줄 같은 시선들의 망에 걸
린 채 꼼짝 못 했다. 비욘세의 노래가 흘러나가지 않게 이어폰
을 움켜쥐었다.

나는 어렴풋이 엘크가 위엄 있는 멋진 생명체라는 것은
알고 있었다. 평생 열두 마리는커녕 단 한 마리도 이렇게 가까
이서 본 적이 없었다. 하지만 머릿속에서 주로 경보음처럼 울
려대던 말은 '어서 여기서 **도망쳐**'였다. 반면 엘크는 그저 빤히
나를 쳐다보며 김을 내뿜었다.

마침내 엘크들은 너그러움을 발휘했다. 내가 하잘것없음을 감지하고서 업신여기는 듯이 귀를 몇 번 획획 움직이더니 괴롭히는 게 귀찮아진 깡패들처럼 내 양옆으로 갈라지며 제 갈 길을 갔다. 나는 허겁지겁 안전한 체육관으로 들어갔고 삶은 계속되었다. 하지만 즐겁고 지극히 평범한 센터에서의 삶, 다시 말해 작가들과의 속삭임이나 점심시간 조앤 디디온*을 주제로 나눈 대화는 언뜻 눈에 들어온 곰이나 여름날의 천둥소리처럼 예상치 못한 것들로 인해 깨어졌다. 산에 있는 모든 것이 자꾸만 거침없이 내 쪽으로 밀고 들어와 주의를 낚아채려 했다. 곧 닥쳐올 거대한 무언가가 바로 저 너머에서 공기를 무겁게 내리누른다는 느낌이 들었다. 내 머릿속에 끼적여놓은 글 따위에는 털끝만큼도 관심이 없는 무언가가.

가드너와 시간을 보낸 이후 나는 '있는 그대로'의 세상을 보고 싶어서 숲에 더 자주 갔다. 하지만 나무와 동물이 남긴 흔적, 새와 뼈에 쏟은 관심은 그저 물질 단계에 머물지 않았다. 바위에 앉아 버터 색상의 바람꽃을 살펴보는 일조차 경이와 경외를 불러일으키곤 했다. 경건한 마음이 솟았다. 그리고

---

* 미국 작가로 소설, 에세이, 시나리오 등 다양한 장르를 넘나들면서 글을 썼으며 저널리즘에 문학적 요소를 결합한 '뉴 저널리즘'을 이끌기도 했다.

나는 내가 놓치고 있는 것이 수제만은 아니라는 점을 깨달았다. 다른 안개가 공기 중에 떠돌았다. 내가 알지 못하는 또 다른 이야기였다.

인간의 연약함을 일깨우는 경이로움

남편이 밴쿠버에서 비행기를 타고 왔을 때 나는 이 느낌이 사라질까 봐 걱정되었다. 남편의 도착과 더불어 내 마음이 지금 상태에서 단절되어 우리의 평범한 일상으로 돌아가게 되고 그와 동시에 흔들리던 공간이 사라져버릴 것만 같았다.

예상과 달리 가방을 잔뜩 짊어지고 버스에서 내린 케니는 얼굴에 멋진 미소를 가득 띠고서 로키 산맥의 공기를 흠뻑 들이마셨다. 그는 이미 준비되어 있었고 나만큼이나 이곳을 알고 싶어 했다. 우리는 다음 날을 근처에 있는 루이스 호수에서 보내기로 했다. 캐나다 엽서에 등장해서 유명해진 아름다운 청록빛 호수였다.

그날은 그달 들어 처음으로 화창한 일요일이라서, 길을 따라 한 시간은 걸어 내려가야 하는 조그만 마을에서 간신히 주차할 곳을 찾았다(매년 200만 명의 관광객이 차를 타고 루이스 호수로 온다).[1] 그곳에서 우리는 휘청휘청 보강을 건너고 자갈길을 따라 5킬로미터가량 오르막을 걸었다. 돈 가드너가 루이스 호수를 향해 떠났던 21일 동안의 스키 여행이 떠올라서 차마 불평할 수 없었다.

호수의 물은 차가운 빅토리아산에서 흘러든다. 빅토리아 빙하가 물가를 향해 와르르 무너져 내리는 바로 그 산이다. 산은 캄브리아기인 5억 년 전에 얕은 바다에 형성된 퇴적암 덩어리로서 당시에는 해저에 있었지만 지금은 해발 3300미터 높이로 솟아 있다. 얼음에 뒤덮인 깎아지른 듯한 산봉우리에서 녹아내린 물은 물길로 흘러든다. 풍경에서 가장 독보적인 부분은 산, 빙하, 호수가 서로 조밀하게 붙어 있는 모습이었다. 각각의 요소가 다른 요소 위에 포개지면서 빼곡한 예술작품을 만들어냈다. 방문객들은 머리를 한 대 얻어맞은 듯 말을 잊는다. 그동안에도 차디찬 물은 우리가 느끼는 경이는 아랑곳없이 캐나다를 반쯤 횡단해 허드슨만에 도착한다.

이곳 원주민인 스토니 부족은 루이스 호수를 '작은 물고기의 호수Ho-Run-Num-Nay'라고 불렀다. 이곳에 처음 온 영국인은 열광하며 이곳에 '에메랄드 호수'라는 이름을 붙였다가 그로부터 2년 뒤에 빅토리아 여왕의 넷째 딸을 기리기 위해 루이스 호수로 이름을 바꾸었다. 케니와 내가 도착했을 무렵 루이스 호수는 이미 관광 홍보 덕분에 신성한 장소가 되어 있었다. 그래서인지 눈앞에 실재하는 경치로 받아들이기 힘들었다. 풍경 포스터나 환상 속에나 있을 것 같았다. 우리는 갈라진 오솔길 하나를 따라가다가 호수보다 수백 미터 높은 곳에 이르렀을 때 널찍한 바위에 앉아 몇 분간 풍경을 바라보았다. 그림 같은 풍광이 어쩐지 불안한 분위기를 풍겼다. 산과 빙하가 지나치게 현실적으로 보였다. 모든 아이러니, 모든 잡념, 모든 보호막을 무력하게 하며 온전히 뇌리에 박혔다. 마치 동공이 확대된 채로 갑자기 햇빛 속으로 걸어 나가 눈이 멀어버린 느낌이었다.

야외로 나가면 기분이 좋아지고 스트레스 호르몬인 코르티솔 수치와 심박수가 낮아진다는 말은 사실이다. 하지만 이를 단순히 거품 목욕과 비교해서는 안 된다. 자연은 우리를 황홀경에 빠뜨리기도 공격하기도 하며, 충격을 주고 감각을 지배하기도 한다. 도시에 사는 인류는 자연이 얼마나 난폭하고 위압적인지 잊곤 한다. 하지만 폭풍이 울부짖고 빙하가 압도해오며 숭고함을 마주하는 드문 순간에 우리는 다시 기억해낸다.

어떤 사람들은 교회 신도만큼이나 꼬박꼬박 숭고함을 찾아 자연 속을 돌아다닌다. 시인인 새뮤얼 테일러 콜리지Samuel Taylor Coleridge는 일부러 현기증을 느끼려고 절벽 끝에 서곤 했다. 박물학자인 존 뮤어John Muir는 부서져 내리는 폭포로 심신을 치유했다. 두 사람 모두 종교적 황홀경, 숭고함을 한 모금이라도 맛보고자 했다. 프랑스를 여행한 뒤에 콜리지는 비바람을 그대로 맞으며 느낀 안도감을 시로 썼다.

그리고 거기에서 나는 그대를 느꼈다! 저 해안절벽 끝에서.
하늘 높이 부는 산들바람이 거의 스친 적 없는 그곳의 소나무는
먼 곳의 파도와 함께 수군거렸다!
그래, 내가 관자놀이를 드러내고 가만히 서서 응시하고
비할 데 없이 강렬한 사랑으로 만물을 소유하면서
내 존재를 땅과 바다로, 하늘로 거침없이 관통시키는 동안
오, 자유여! 내 영혼은 그곳에서 그대를 느꼈다.[2]

그건 산림욕이 아니었다. 콜리지는 거기서 자신을 흠뻑 적셨다. 그는 종종 이렇게 자신을 흠뻑 적시곤 했다. 몇 년 뒤에 세라 허친슨에게 보낸 편지에서 그는 높은 산에서 찾아온 꿈결 같은 느낌을 전했다.

사지가 모두 떨렸습니다. 나는 등을 대고 누운 뒤에 으레 그러듯이 광인인 내 모습에 웃기 시작했습니다. 그런데 그때

위를 보니 좌우에서 험준한 바위가 눈에 들어왔습니다. 그 너머에는 화려한 색깔에 물든 채 북쪽을 향해 발길을 재촉하는 성급한 구름들이 있었지요. 나는 그 모습에 압도되었습니다. 나는 예언자들처럼 무아지경과 환희 속에서 누워 있었습니다.[3]

냉소적인 우리 시대 기준으로는 낭만 과잉으로 보일지 모르지만 숭고함과의 만남에 콜리지는 강장제를 들이켜는 것만 같았다. 그리고 교회만이(그것도 매주 정해진 시간에만) 이렇게 불쑥 찾아오는 고양감을 줄 수 있다고 생각했던 독자들을 깜짝 놀라게 했다.

콜리지는 "해안절벽 끝"에서, "성급한 구름들" 사이에서 고양감을 찾았지만, 숭고함은 온갖 곳에서 찾을 수 있다. 철학적 깨달음이나 위대한 문학작품에서, 심지어 물리학을 고찰하다가 숭고함을 느끼기도 한다(어떤 이들은 무한이란 개념을 머릿속에 그려보거나 빛의 속도를 이해하려고 하다가 숭고함을 느낀다). 역설적이게도 보잘것없는 곳에서 숭고함을 경험할 수도 있다. 젖은 돌 몇 개에서 반사된 빛을 보면서도 상상할 수 없을 만큼 세세한 것에까지 신경 쓴 만듦새에 경이를 느낀다. 철학자인 아르투어 쇼펜하우어Arthur Schopenhauer는 이런 작은 순간에 숭고함

우리가 살 수 없는 미래

이 존재한다면서 우리가 그 안의 환상적인 복잡성을 알아채기만 하면 된다고 믿었다. 우주의 경이를 한 장의 잎으로도 이해할 수 있다. 하지만 대다수의 사람들은 콜리지와 비슷하게 자연의 웅장하고 화려한 모습에서 숭고함을 찾는다. 별이 총총한 밤하늘이나 바싹 마른 광활한 사막도 여기에 해당된다. 떼를 지은 동물에게서 숭고함을 느끼는 사람도 있다는 글을 읽었을 때 나는 밴프에서 마주쳤던 엘크를 떠올렸다. 그 만남이 루이스 호수에서 겪을 감정에 대비한 준비 과정이나 어떤 암시가 아니었을까 싶었다.

때때로 교회는 물질세계가 영원한 현실이라는 또 다른 세계의 그림자에 불과하다고 주장한다. 하지만 우리는 그 둘의 관계를 뒤집어서 영적인 것은 물질세계의 찬란한 아름다움을 반영할 뿐이라고 볼 수도 있다. 숭고함의 거장인 카스파르 다비트 프리드리히Caspar David Friedrich는 자신의 그림에서 높이 솟은 전나무와 대성당을 결부하며 이 점을 분명히 했다*. 그는 우리가 산에 가는 이유가 단순히 휴식과 기분전환을 위해서가 아니라는 사실을 알았다. 우리는 대답을, 인간의 연약함을 깨닫게 해줄 환경을, 정립과 반정립의 모순을 해소할 종합을 찾아

---

* 〈성당이 있는 겨울 풍경〉이라는 작품이다.

산으로 간다. 우리는 다른 이름의 신을 찾으러 간다.

나무와 시냇물을 살펴보면서 우리는 우주의 법칙을 어렴풋이 알아차린다. 아주 깊게 들여다보면 우주의 구조를 엿볼 수 있을지도 모른다. 저널리스트인 도노반 웹스터Donovan Webster 는 바누아투 제도에 있는 활화산 속으로 밧줄을 타고 내려가던 순간을 이렇게 회상했다.

산성 가스가 코와 눈을 찌른다……. 화산이 가스를 내뿜을 때마다 공기가 격렬하게 움직이는 통에 기압이 변하면서 귀에서 뻥 소리가 나고, 기온이 순간적으로 치솟는다. 그리 멀지 않은 아래쪽 어딘가에서 시뻘건 데다 호박처럼 큰 용암 방울들이 분출되어 공중을 날아다닌다……. 지구 중심을 향해 뻗어 있는, 섭씨 1200도에 이르는 용암 위에 매달린 상태에서도 나는 이곳에 무언가가 더 있음을 발견한다. 이곳은 정말이지 말문이 막힐 정도로 아름답다.[4]

자연의 힘과 마주한 인간은 부끄러움을 느끼고 제자리로 돌아간다. 인간은 자연의 일부이며 결코 그 주인이 될 수 없다는 사실을 알게 된다. 소비문화의 주장은 그와 정반대다. 소비문화는 당신이 자연의 일부가 아니라 자연의 지배자라고, 화산은 당신을 삼킬 엄두를 못 낼 거라고 속삭인다.

사고파는 것에 집중한 나날을 보내다 보면 인간이 지구에서 맡은 역할이 약탈하고 침략하고 장악하는 것이라고 믿게 된다. 우리는 자기가 세상이 만든 신비한 작품과는 동떨어진 채로 자기 홍보를 하고 안락함을 누리기 위해 빚어진 '독특한 존재들'이라고 여기게 된다. 카를 마르크스는 자신의 대표작 《자본론》에서 자본주의적 생산이 "인간과 토지 사이에서 일어나는 물질대사"[5]를 훼방한다고 주장하면서 인간과 지구의 단절을 예견했다. 이때 마르크스는 말 그대로 인간이 땅에서 영양분을 얻었다가 배설을 통해 거름으로 돌려보내는 과정에 관해 생각했다. 자본주의를 가능하게 하는 도시 생활은 인간을 시골에서 떨어뜨려놓음으로써 자연의 영양분을 취하기만 하고 농지에 비료로 돌려보내지는 않는 도둑으로 만들었다. 마르크스는 그 결과 땅이 혹사당했고 인간은 화학비료를 만들어 자연을 한계 너머로 밀어붙였다고 보았다. 마르크스는 자본주의가 어떻게 노동자의 처지를 악화시켰는지 설명한 것으로 유명해졌다. 하지만 그는 자본주의가 다른 부의 원천, 즉 인간의 삶을 지탱해주는 환경을 악화시킨다는 점도 지적했다. 그리고 고갈된 토양에 관심을 보임으로써 바다와 하늘, 채석장 한복판에 나타날 수많은 고갈을, 자본주의가 지구에 강요

할 수많은 끔찍한 흥정과 부당한 거래를 예견했다. 자본주의에는 여러 모순이 내재하지만 그중 단기적 이익을 위해 자연을 약탈하는 행위야말로 가장 어리석다. 인간의 삶이 식물, 동물, 광물, 가스 시스템과 빈틈없이 공조하는 가운데 펼쳐진다는 사실은 무시되고 잊힌다. 그리고 그 사실이 있어야 할 자리는 우리가 사랑해 마지않는 두 가지 개념인 자부심과 광고가 차지한다.

소비문화는 인간이 자연 없이 살 수 있다는 착각을 계속 불러일으킨다. 인간은 마치 자연에서 단절된 듯이 행동한다. 오늘날 아이들이 밖에서 노는 시간은 그들 부모 세대에 비하면 절반밖에 되지 않는다.[6] 성인은 자기 삶에서 적어도 90퍼센트를 실내에서 보낸다.[7] "자연 결핍 장애"[8]는 "하늘맹"과 "식물맹"[9]을 초래해서 자연은 베일에 싸인 미지의 존재가 되고 인간은 자신의 초록 근원을 모르는 실존적 고아가 된다.

사실 우리를 몰라도 되는 건 지구다. 인간 없는 곳에서 지구는 번영한다. 예를 들면 길이 250킬로미터, 폭 4킬로미터의 땅에 펼쳐진 한반도 비무장지대DMZ는 1953년 남·북한이 휴전 협정을 맺으면서 자연으로 돌려보내진 땅이다. 이곳에서 수백 년 동안 유지되어온 논은 금세 습지가 되었다. 인간이 지구 전체에서 사라지면 문명의 증거들이 맞이할 운명도 별반 다르

우리가 살 수 없는 미래

지 않을 것이다. 수백 년 만에 유전자변형 작물은 사라질 것이다. 고층 건물은 갈라진 틈에 얼어붙은 물과 거침없이 뻗는 나무뿌리에 무너져 내릴 것이다. 하수관은 막히고 도로는 휠 것이다. 내가 사는 도시는 삼나무와 전나무 숲이 될 것이다. 길들여진 야생의 모범이자 인간의 사랑을 받는 개들도 야생으로 돌아갈 테고 그다음에는 다른 육식동물에 의해 완전히 대체될 것이다.[10]

산과 바다, 오존층은 인간에게 즐거움을 주기 위해 또는 가볍게 이용되기 위해 만들어지지 않았다. 바로 숭고함이 주는 교훈이다. 우리는 매일 계획과 성과에 집착하지만 그래 봐야 아름답고 장엄한 것(신이 아니라 지구)에 매인 존재다.

건전한 자기부정과 겸손

18세기 중반 자연숭배 열기가 시인과 철학자들을 사로잡고 있을 때 더블린 출신의 한 젊은이는 그런 상황이 못마땅했다. 에드먼드 버크Edmund Burke는 왜 사람들이 부서져 내리는 폭포나 울부짖는 폭풍에 끌리는지 알고 싶었다. 생명 유지가 최고선*이기에 굳이 시간을 낭비해가며 위험을 무릅쓰는 행동

＊　인간 행위의 궁극적인 목적.

은 말이 되지 않았다. 그래서 대학을 마치고 정치인으로서 경력을 시작하기 전의 길지 않은 시기에 진심을 담아 《숭고와 아름다움의 관념의 기원에 대한 철학적 탐구》라는 독특한 소책자를 써냈다.

버크는 먼저 아름다운 것과 숭고한 것을 구분 짓는 중대한 차이점을 서술했다. '아름다움'이라는 범주는 이해하기가 쉬운 편이다. 버크는 인간이 아름다움을 좋아한다고 생각했다. 아름다움은 안전, 건강, 질서 정연함을 나타내기 때문이다. 모차르트의 교향곡과 렘브란트의 그림을 듣거나 보면 숙달된 솜씨를 대번에 느낄 수 있기에 기분이 좋아진다. 그러나 숭고함에 끌리는 경향은 설명하기가 더 어려웠다. 숭고한 것은 압도적이지만 보통 인간은 압도되기를 싫어한다. 그렇다면 왜 인간은 때로 압도되기를 좋아하는 걸까? 우주의 거대함과 무심함을 목도하고 그 결과로 우리 자신이 보잘것없음을 받아들이는 데 심리적 또는 정신적 이득이 있어야만 했다.

이렇게 생각해볼 수 있다. 숭고한 것들은 특유의 어마어마함으로 우리의 작은 걱정을 큰 맥락 속에 집어 넣어주고 인간이 겪는 문제가 대수롭지 않은 것처럼 보이게 한다. 달리 말해 숭고함 앞에서 우리가 작아지면 우리의 걱정 역시 사소해진다. 그렇게 소비문화의 과시적 요소도 무의미해 보이기 시

우리가 살 수 없는 미래

작한다. 눈 덮인 알프스 위에 놓이거나 끝없이 펼쳐진 바다 풍경 속에 던져진 세속적 상품은 우스꽝스럽기만 하다. 숭고함은 지나치게 부푼 자부심을 터뜨리고 좋은 옷과 비싼 와인에 지나치게 매달리지 말라고 일러준다.

이건 건전한 자기부정이자 건전한 겸손이었다. 그리고 21세기가 되면서 더 깊이 와닿게 되었다. 판매상들은 우리가 우리 스스로를 '당신이라는 브랜드'로 여기게 부추기지만, 그 사이 과학자들은 중대한 발견을 새로 해나가면서 인간을 점점 더 눈에 띄지 않고 보잘것없는 위치로 데려다 놓는다. 과학자들이 망원경으로 우주를 더 멀리 내다볼수록 우리가 있는 우주 한 귀퉁이는 더 작고 구석져 보인다. 우주의 냉담함에 신경 쓰지 않고 지구만을 본다고 하더라도 진균 군집과 완족류를 주연으로 내세워서 45억 년 동안 상영된 연극에서 인간은 무대에 이제 막 올라간 단역 배우에 불과하다는 사실을 인정해야 한다. 버크가 쩍 갈라진 지각에서 장엄함을 발견했다면 우리는 발아래 있는 대륙이 손톱이 자라나는 속도로 언제나 움직이고 있고 어린 시절 외웠던 대륙의 윤곽은 일시적 형태에 불과하다는 사실을 이미 알고 있다. 지구는 바로 이 순간에도 우리가 마음속에 그리는 모습에서 슬며시 멀어져가면서 새로 생긴 산, 바다와 함께 새로운 형태를 띠어간다. 우리는 과학

덕택에 상상할 수조차 없는 거대한 힘이 견고하고 불변한다고 여겨온 우리 터전의 모습을 바꿔놓으리라는 사실을, 버크라면 직감으로나 느꼈을 법한 사실을 안다. 우리는 현재 바다로 나뉘어 있는 대륙들이 언젠가 다시 만난 뒤 서로 격돌해서 지금은 한없이 깊은 바다가 있는 곳에 새로운 알프스 산맥이 생기리라는 사실을 안다. 그리고 수백만 년 동안 바다 눈으로 덮여 있던 해저의 벌판이 언젠가 산골짜기에 자리 잡으면 묻혀 있던 수조 마리의 플랑크톤 위에 진짜 눈이 살포시 내려앉으리라는 사실을 안다.

우리는 심지어 몸 내부를 직시하면서 그 안에서 우리 것이라고 부를 수 있는 세포가 얼마나 적은지 앎으로써도 겸허해질 수 있다. 몸을 구성하는 세포 가운데 인간의 세포는 43퍼센트에 불과하다.[11] 나머지는 세균과 바이러스, 진균과 고세균으로서 그들은 인간 형태를 한 우주선에 편승한 존재들이다. 우리는 나무와 동물을 비롯해 몸 밖에서 작동하는 행성 크기의 시스템 없이 살 수 없고, 마찬가지로 외부에서 온 미생물로 이루어진 인체 내의 생태계 없이도 생존할 수 없다(게다가 몸 안팎의 생태계는 함께 시너지를 낸다). 인간이 얼마나 의존적이고 부수적이며 불완전한 존재인지 느끼지 않기가 이제는 불가능하다. 이러한 사실을 알고 숭고함에 둘러싸인 현실을 깨달음

　　　　　　　우리가 살 수 없는 미래

으로써 우리는 환경과 새로운 관계를 정립할 수 있다. 더 넓은 시야를 가진 우리는 콜리지와 버크보다 더 경외심과 겸허함을 느껴야 한다.

하지만 이에 대항하는 본능, 땅 위에 군림하려는 본능은 뿌리 깊다. 버크가 숭고한 풍경의 가치를 탐구한 때보다 거의 한 세기 앞선 시기에 신학자인 토머스 버넷Thomas Burnet은 산을 귀찮은 존재로만 보았다. 버넷은 1681년에 출판한 《지구에 관한 신성한 이론Telluris Theoria Sacra》에서 우리 행성은 원래 창조주가 "굴곡 없는 알"로 빚었으며 "어느 구석을 보아도 주름, 상처, 금이 없었다. 바위도 산도 우묵한 동굴도 드넓은 물길도 없었으며 전체가 고르고 한결같았다"[12]고 했다. 그가 상상한 단조로움은 지구의 하늘이 원래 어땠는지 설명할 때도 반영되었다.

지구의 매끄러운 표면은 하늘의 모습마저 똑같이 만들었다. 공기는 잔잔하고 고요했다. 증기가 격동하거나 서로 대립하는 일이라고는 없었다. 우리 시대에 나타나는 이런 현상은 산과 바람이 초래했다. 당시의 하늘은 황금시대와 순수했던 최초의 자연에 걸맞은 모습이었다.[13]

완벽한 창조와 완벽한 매끄러움. 우리가 사는 세계에 돌연 거대한 산들이 나타난 것은 창조 후에 무언가 끔찍한 문제가 생겼다는 증거임이 분명했다. 노아의 홍수가 일어난 시기에 발생한 붕괴의 흔적임이 틀림없었다(버넷은 〈창세기〉에서 산이 언급된 적이 없다는 사실을 장난스럽게 지적했다). 그는 원래대로라면 지상의 삶을 저해하는 요소가 없어야 했으며 인간은 장애물 없이 너그럽고 매끄러운 풍경 속에서 돌아다녀야 했다고 암시한다. 이런 그의 환상은 심오하지만 우스꽝스럽고 공격적이었다. 황금시대를 그리워하는 안일하고 탐욕스러운 사고방식이었다. 이러한 황금시대 사고는 사탄이 망쳐놓지만 않았다면 이 땅을 우리 마음대로 할 수 있었을 거라고 상정한다. 버넷이라는 성을 지닌 다른 이(솔즈베리 주교인 길버트 버넷Gilbert Burnet)는 토머스 버넷의 책을 읽고 직접 알프스를 가로지른 뒤, 그의 의견에 동조하는 편지를 써서 집에 부쳤다.

이 언덕들이 얼마나 높은지, 사슬처럼 연결된 언덕들이 얼마나 많은지, 길이와 폭이 얼마나 어마어마한지 고려하면······ 자연의 창조자가 본래 만든 작품이 아니라 최초의 세계가 남긴 광대한 폐허라고밖에는 생각할 수 없습니다. 노아의 대홍수 때 이곳이 들쑥날쑥하게 변형된 것이지요.[14]

우리가 살 수 없는 미래

숭고함에 매료된 이들이 산을 보면서 인간이 얼마나 작고 연약한 존재인지 배울 때 실리적인 두 명의 버넷은 이러한 교훈을 거부하면서 울퉁불퉁하고 험하고 압도적인, 있는 그대로의 세상이 엄청난 실수라고 믿는 쪽을 택했다.《지구에 관한 신성한 이론》이 출간되고 340년이 지난 지금, 기후변화를 부정하는 이들은 버넷과 비슷한 환상에 매달린다. 그들은 세상이 인간의 바람에 부응하기 위해 만들어졌다고 생각한다. 과학자들이 지구를 마음대로 써먹어서는 안 된다고 말하면 버넷 같은 사람들은 "굴곡 없는 알"에서 노른자를 빼서 자기 것이라며 요리하는 환상을 품는다.

17세기의 신학자에서 21세기의 석유 부호까지 인간은 전혀 보잘것없지 않으며 다른 창조물 위에 군림하는 존재라는 희망이 이어져 내려온다. 그리고 우리는 자신이 하찮다고 느낄 때마다 소비문화에서 위안을 찾는다. 쇼핑몰에 가는 것이 우주가 깔끔하고 인간의 통제하에 있으며 인간에게 기쁨을 주기 위해 설계되었다는 사실을 확고히 하려는 행위가 아니라면 무엇일까? 우리는 눈부시고 인위적이며 그 자체로 완전한 세계에 발을 들여놓는다. 내부 공기를 재활용해 돌리고 자체 급수 시설과 화분 속의 자연을 갖추었으며 불쾌한 부분은 제거되고 봉지에 싸인 채 '나를 가져요'라고 외치는 세상 속으로.

거친 비바람에 압도되고 용암 위에 매달리는 대신 우리는 쇼핑으로 자신을 보호한다. 따라서 쇼핑중독자들이 흔히 쇼핑몰에 기초한 자아의 보호막인 옷에 관심을 쏟는 것은 전혀 이상하지 않다.[15] 우리는 버넷의 말도 안 되게 매끈한 지구에서 기후변화를 부정하며 땅속에 저장된 석유를 소모하는 이들부터 필사적으로 쇼핑몰로 향하는 쇼핑중독자까지 하나의 직선을 그어볼 수 있다. 이들은 하나같이 숭고함이 우리에게 가르치려는 교훈을 부정한다. '빈손으로 떠나지 않겠다'는 욕구는 버크나 콜리지, 뮤어가 따르던 욕구와 정반대다. 그들은 절벽 끝이나 폭포 위에 갔을 때는 모든 걸 내려놓고자 했다.

숭고함을 마주하는 순간은 단지 우리를 겸허하게만 하지 않는다. 우리는 고양되기도 한다. 숭고함은 경계에 놓인 공간을 열어서 개인과 초월적인 것이 잠깐이나마 융합하게 해준다. 즉 그랜드캐니언의 장엄한 모습을 이해함으로써 내 정신은 확장해서 그 방대함을 품는다. 린다 마리 브룩스Linda Marie Brooks 교수는 이렇게 말한다. "우리는 대상이 지닌 힘 일부를 접하고 받아들이기 위해 일종의 정신적 '팽창', 그러니까 확장을 경험합니다."[16] 해일의 심장부, 절벽 표면, 은하수를 주의 깊게 바라봄으로써 우리는 이들의 위협을 직시하고 그에 걸맞게 우리의 이해력을 넓힌다. 세상이 우리가 생각했던 것보다 커다

랑다는 사실을 깨닫는 순간 우리는 거대함을 인지하는 우리 능력도 예상보다 뛰어나다는 사실을 발견하고는 놀란다. 이건 단순히 황홀감이 아니다. 지극히 유용한 가르침이다. 우리는 합리적 주장이 아니라 심미적 재구성, 즉 우리 능력이 한계에 부딪혀 무너짐으로써 새로운 것을 인지할 수 있는 상태로 전환되는 과정을 통해 진정한 통찰을 엿보게 된다.

쿠바의 시인인 호세 마리아 에레디아José María Heredia는 나이 아가라 폭포를 보고 그러한 정신적 파열을 느꼈다.

너는 고요하고 장엄하게 흐르다가

뾰족하고 들쭉날쭉한 바위로 떨어져 내리며

운명이 그렇듯 수그러들 기미 없이 압도적이고

맹목적인 기세로 격렬하게 내닫는다.

어떤 인간의 목소리인들

소용돌이치는 물살에 반사된

이 무시무시한 장관을 표현할 수 있을까.

나는 흐린 시야에도

드높은 절벽 위의 너른 가장자리로

밀려 내려가는 물살을 헛되이 눈으로 좇는다.

천 줄기의 물결이

생각 굴러가듯 신속히 움직이면서

격렬한 분노에 휩싸여 격돌한다.

다음 천 줄기, 그리고 잇따라 밀려와 합류한 천 줄기가

거품과 소란 속으로 사라진다.[17]

에레디아는 폭포에서 말로 표현할 수 없고("어떤 인간의 목소리인들"), 눈으로 볼 수 없으며("나는 흐린 시야에도…… 헛되이 눈으로 좇는다"), 이해할 수 없는(이후에 그는 "정신을 놓고서……"라고 썼다) 거대한 힘을 본다. 시인은 거대함을 암시하는 폭포에 다가간다. 그는 외친다. "소용없는 헛소리! 아, 나는 추방되었다. 돌아갈 고국도 사랑도 없이……." 이때 숭고함은 현실의 거대한 설계자이자 그 설계를 드러내는 존재다. 알베르트 아인슈타인은 새로운 생각을 접하고자 한다면 이런 식으로 자기 자신을 내던져야 한다고 느꼈다. 그리고 이렇게 썼다. "우리가 경험할 수 있는 가장 아름다운 것은 바로 신비함이다. 그건 진정한 예술과 과학의 근원이다. 감정을 느끼지 못하는 사람, 더는 궁금함에 발걸음을 멈추고 경외감에 휩싸이지 않는 사람은 죽은 거나 다름없다. 그 사람의 눈은 감겨 있으므로."[18] 숭고함은 우리 생각을 뒤흔들고 정돈된 책상을 뒤집으며 우리에게 깨달음을 준다.

우리가 살 수 없는 미래

우리 정신이 전체를 온전히 이해할 수 없다는 사실을 아는 일, 즉 존재의 비길 데 없는 장엄함을 접하게 되는 일은 아인슈타인에게 "진정한 종교심의 핵심"[19]이었다. 아인슈타인식의 종교는 탐구심, 곧 이 우주의 짜임새에 궁금증을 품는 습관(돈 가드너가 작업장에서 습관적으로 보이는 호기심과 다르지 않다)을 불어넣는다. 숭고함에 대한 욕구는, 움직이는 시계의 시간이 멈춰 있는 시계의 시간보다 느리게 흘러간다거나 에너지와 질량이 서로 호환된다는 사실을 발견하기 위한 전제 조건이다. 배움 앞에서 경외심을 갖는 것보다 좋은 태도가 있을까?

우리를 해방하고 확장시키는 연금술

더 높게, 더 높게. 우리는 루이스 호수를 지나쳐서 산을 탔고 말이 밟아 울퉁불퉁해진 진창을 거친 뒤에 작고 외떨어진 호수에 도착했다. 좀 더 옅은 에메랄드빛 호수였다. 훨씬 높은 곳에 자리한 이 호수는 광활하게 펼쳐진 산 풍경에 둘러싸여 있었다. 봉우리들은 눈을 장식으로 얹고 있었고 그 갈라진 틈에는 얼음이 얼어붙어서 그림자가 하얗게 빛나는 반反그림자가 되었다. 우리는 웃옷을 벗고 티셔츠만 입은 채 서늘한 공기로 몸을 씻어냈다.

이내 진창이 사라졌고 우리는 마른 회색 바위를 기어올랐다. 나무가 점차 드문드문해졌고 구름이 머리 위를 미끄러져 갈 때마다 호수 물은 보석 같은 색조에서 푹 익힌 시금치 색깔로 변했다. 점토는 산 아래쪽의 움푹한 곳들에 빽빽이 들어찬 뒤 부채꼴을 그리며 물가에 닿았다. 이 고운 흙들은 저 높이 있는 얼음이 돌을 긁어서 갈려 나온 돌가루였고, 산사태에 떠밀리거나 아래를 향한 점진적인 움직임을 통해 물 쪽으로 쓸려 왔다. 이렇게 이동해서 호수에 떠 있게 된 알갱이는 햇빛을 반사시켜서 물을 초록색으로 바꿔놓는다. 호숫가에서 우리는 이 모든 현상이 벌어진 장소 위에도 아래에도 있으면서 어마어마한 과정의 목격자가 되었다.

도시에 살던 우리는 지금껏 접한 그 무엇보다 오래되고 거대한 마법 가까이에 있을 준비가 되어 있지 않아 머리가 어질어질했다. 물 위에 뜬 초록 가루가 갑자기 해저에 쏟아져 내리던 수많은 플랑크톤의 잔상으로 보이면서 과열된 떨림이 뇌를 타고 번졌다. 케니가 아무도 없는 곳을 향해 고함을 질렀다. 나도 질렀다. 시린 공기가 아름다웠다. 땅다람쥐가 돌투성이 굴에서 나타나 의기양양하게 앞다리를 조금 들고 서더니 찍찍거렸다.

몇 달 뒤에 나는 그 감정에 이름을 붙여보려 했다. 먼저 나는 '신경미학' 연구자들과 대화를 나누었다. 이들은 피험자가 숭고한 풍경을 관찰하는 동안 기능성 자기공명영상(fMRI)으로 뇌 영상을 촬영하고 이를 연구한다. 하지만 이들과의 대화는 별 성과가 없었다. 숭고함이라는 느낌 기저의 신체 메커니즘에 관해서는 소름이나 '등골 서늘한 느낌', 심박수의 변화 이상으로 알려진 바가 없었다. 어떤 이들은 가늠할 수 없을 정도로 거대한 무언가를 정신이 받아들이고 그에 맞추려다 보니인지 재편성이 일어나면서 숭고함을 경험하게 된다고 말한다. 마주한 대상을 수용해내지 못하는 정신 능력의 한계 앞에서 이런 경험을 한다고 말하는 이들도 있다. 하지만 숭고함의 작용 원리는 여전히 신비에 싸여 있다.

진화적 관점에서 등골 서늘한 느낌이 어떤 의미를 갖는지를 두고도 여러 추측이 있다. 어쩌면 우리 안에 경외심이란 감정이 생긴 이유는 유인원 무리가 확장하던 무렵 단 한 명의 지도자를 신봉해야 했기 때문이었는지도 모른다. 어쩌면 외부의 위대함을 느끼고서 이기적인 행동을 억누르고 사회적 결속을 촉진해야 했기 때문인지도 모른다. 우리는 찬연한 광경이 전율을 일으키는 데는 어떤 실용적 이유가 있는 게 틀림없다고 추정한다. 하지만 어쩌면 그런 이유란 없을지도 모르며, 어쩌면 그저 흔적 기관처럼 정신 발달 과정에서 우연히 남은 잔재일지도 모른다.

나는 빈대학교의 심리학자인 매튜 펠로스키Matthew Pelowski와 이야기를 나누었다. 그는 숭고함의 불확실한 기원에는 별로 관심을 두지 않고 그 효과, 즉 숭고함이 실제로 정신적 변화를 불러오는 방식을 설명했다. 그것이 더 도움이 되었다.

그걸 다루는 건 우리 능력 밖의 일입니다. 하지만 어느 시점에 이르면 다루는 법을 찾게 되지요. "이게 내가 이해할 수 있는 범주를 넘어선다는 사실을 인식할 능력이 내게는 있어"라고 깨닫는 겁니다. 우리가 성장하거나 생각을 바꾸거나 새로운 것을 배우며 밟아나가는 심리적 과정과 아주 비슷합니다.

펠로스키는 호기심을 유발하는 깊은 겸허함(아인슈타인이 느낀 것 같은 겸허함)에 관해 설명했다. 나중에 대화했던 신경생리학자가 한 말도 이 생각과 비슷해 보였다. 그는 숭고함을 강렬하게 체험하는 동안 자기 인식과 관련된 뇌 부위가 비활성화된다는 사실을 발견했다.[20] 피험자들은 경외감을 불러일으키는 광경 앞에서 자아를 잃었다. 이런 결과는 철학자들의 주장과 정확히 들어맞았다. 숭고함 한 모금이 고착된 패턴과 자아에서 우리를 해방해줄 수 있다.

여전히 이 가운데 어떤 분석도 오색찬란한 북극광 앞에서 느끼는 느낌, 즉 개인이 자신을 내려놓았다가 다시 자신이 되어 통합해가는 확장의 순간을 완전히 설명해주지는 못한다. 산의 거대한 그림자 속에서 느릿하게 걷는 동안 맥동하는 북극광은 경건함을 자아냈고 거의 손에 닿을 듯했다. 그곳에서 빙하에 갈린 돌가루는 기록된 역사보다 오래된 연금술로 맑은 호수를 에메랄드빛으로 바꾸었다.

자연에 머무는 동안 케니와 나는 평소의 걱정거리에서 해방되었다. 밴쿠버에서 우리는 아파트를 구매하고 몇 달간 이사 준비에 매달려왔다. 나는 필요한 새 가구 목록을 작성했고, 케니는 새 집의 다 부서져가는 주방과 썩어가는 주방 수납장을 한 달간 뜯어고치기 위해 스프레드시트를 작성하고 있었다. 그러나 이렇게 산비탈에 서니 어떤들 상관없어 보였다. 호숫가에 그저 지금처럼 머물면서 신경을 곤두세우게 하는 집안 대사에서 벗어나는 것, 물가에서 일 년이나 10년쯤 지내면서 밴쿠버에서의 삶이 무너지거나 산산조각 나도록 내버려두는 것도 괜찮겠다는 생각이 들었다. 무언가가 터져 나오는 듯했다. 나는 내부에서 물이 얼어가는 파이프가 된 기분이었다. 오랜 문제들은 모두 아무것도 아니었다. 적어도 그 순간엔 아무것도 아닌 것처럼 느껴졌다. "우리 저기까지 갈 수 있을까?"

나는 약간 절박한 심정으로 불쑥 물으며 눈사태로 인해 자갈이 드러난 먼 기슭을 가리켰다. 하지만 갈 방법이 없었다. 우리가 걸음을 옮길수록 풍경은 점점 거칠어졌고 난공불락의 성처럼 보였다. 우리는 더 나아가려면 어떻게 해야 할지 방법을 몰랐다. 돈 가드너는 자기가 이곳의 모든 봉우리를 횡단해보았다고 말했다. 하지만 우리는 여기 자갈 덮인 기슭 하나조차 기어오르지 못했다. 결국에 우리는 발길을 돌려 휘청휘청 산을 내려왔다.

다시 이 느낌이 사라져버리는 건 아닐까, 숭고함을 피상적으로 체험했을 뿐이어서 내가 예전 모습 그대로일까, 두려움이 일었다. 변화가 너무도 필요했기에 변하지 않았을까 봐 무서웠다. 강렬한 고양감 속에서, 숭고함 속에서, 우리는 한눈에도 분명하고 생존에 꼭 필요한 것을 본다. 바로 의존이다. 우리 삶이 흔들리고 시야가 무섭게 뻗어나가며 고통스레 확장된다. 그리고 숲속에서, 산 위에서, 파도 속에서 자연은 우리가 잠시 들렀다가 가는 존재가 아님을 깨닫게 한다. 우리가 자연을 소유한 존재가 아니라는 점은 말할 것도 없다. 자연은 곧 우리다. 우리는 어쩌다 보니 자신이 곧 칠레의 대리석 동굴이자 달 표면을 닮은 이집트의 사막이라는 사실, 코스타리카 몬테베르데의 운무림이자 하와이의 마우나로아 화산이라는 사

우리가 살 수 없는 미래

실, 살아 숨 쉬는 모든 생물체라는 사실을 이해하며 전율하는 능력을 지니게 되었다. 우리에게는 자아를 내려놓고 강렬한 경외감을 느끼는 가운데 잠시 그 모든 것이 되어보는 능력이 있다. 자기 자신을 사랑하듯 지구를 사랑하는 느낌이 어떨지 이렇게 잠깐이나마 엿보게 된다.

케니는 산을 오른 다음 날 아침 밴쿠버로 떠나야 했다. 캘거리 공항에서 비행기에 탑승하려면 두 시간 동안 차를 달려 로키 산맥을 벗어나야 했다. 일이 부르고 있었다. 삶도. 그리고 당시에는 알지 못했지만 비극도.

9장

돌봄

거대하고 지속적인 배려의 그물망

All
We Want

돌봄의 목표와 일상적 소비문화의 목표가 매우 동떨어져 있기에 둘 중 한 가지에 시간을 쏟다 보면 다른 쪽이 낯설고 이상해 보인다. 돌봄은 대체로 제때 나타나고, 자기 시간을 쪼개어 남에게 나눠주며, 감정 노동을 하고, 이기심을 억누르는 것으로 이루어져 있다. 소비문화는 우리가 좋아야 할 단 하나의 빛나는 목표만을 제시한다. 바로 행복이다.

우리는 소파에 앉아 있었다. 내 곁의 케니는 바닥 모퉁이를 바라보았고 점점 어깨가 앞으로 굽었다. 나는 무슨 일인지 물었다.

"혹시 그런 공포영화 알아? 거대 악이 사랑하는 사람의 모습을 띠고 있는 그런 영화 말이야. 너는 그게 그 사람, 네가 아끼는 사람이 아니라는 사실을 알아. 하지만 그건 그 사람의 몸을 가지고 있지. 그래서 넌 속임수라는 걸 알면서도 다가가. 때로는…… 때로는 그런 느낌이야."

그해 초, 구불구불 기다란 타원을 그리며 밴쿠버 동쪽에 있는 트라우트 호수 주변을 걷고 있을 때 케니가 말을 꺼냈다. "엄마*한테 무슨 일이 생긴 것 같아." 케니의 발걸음이 빨라졌다.

"어떤 문젠데?" 나는 속도를 맞추려고 걸음을 재촉했다.

케니는 입술을 잘근거리더니 눈을 가늘게 뜬 채 우리 사이에서 조용히 걷던 개를 내려다보았다. 아주 멋진 날이었고 어딜 가나 개들이 서로 쫓고 짖는 모습이 보였다.

"어머니가 무슨 말을 꺼내신 거야?"

"그런 건 아냐. 하지만 계속 전화하셨잖아. 그것도 아주 많이."

알고는 있었다. 가끔은 케니의 어머니가 열댓 번쯤 전화를 하는 통에 잠에서 깼다. 지난주에는 점심 약속을 잡고 장소를 두 번 확인해주었음에도 케니의 어머니는 다른 식당에서 기다렸다. 하지만 그녀다운 모습이 사라지는 과정은 서서히 일어나서 그렇게 이상하다고 생각하지 않았다. 하지만 이런 내 의견은 크게 중요하지 않다. 케니의 어머니는 언어 장벽 때문에 언제나 내게 약간은 알쏭달쏭한 존재였다. 그녀는 기초 영어를 했고, 나는 한국어를 아예 하지 못했다.

"음, 무슨 이야기를 하려는 건데?" 우리는 길을 벗어나서 호숫가로 갔다. "뭔가 정신적인 문제를 말하려는 거야? 어머니가 치매에 걸린 것 같다든가, 뭐 그런 거야?" 당시에는 그런 단어를 내뱉기가 쉬웠다. 그때까지만 해도 그 말에는 현실성

◆   원서에서 한국어로 나온 부분은 이탤릭체로 표시했다.

우리가 살 수 없는 미래

이 없었다. 고작 신문에서 읽고 나서 "정말 끔찍해. 지옥 같겠네"라고 반응하던 상상 속의 위기에 불과했다. 가엾은 다른 이들을 힘들게 하는 상황일 뿐이었다.

그날의 대화가 그녀의 증상을 급격히 악화시킨 것처럼 보였다. 마치 그 말이 주문이나 징크스였다는 듯이. 이내 혼란과 편집증이 태도에 묻어나왔고 그녀의 정신 속에서 무언가가 무너져내리고 있다는 사실을 부정할 수 없게 되었다. 엄마는 욕실 거울 안에 살면서 자기 물건을 훔치려고 나타나는 여자에 대해 불만을 늘어놓기 시작했다. 이 도둑을 막기 위해 그녀는 자기가 아끼는 옷들을 집 안 곳곳에 숨겨두었다. 그러고 나서 어디에 숨겼는지 잊어버리거나 숨겼다는 사실조차 잊었다. 그렇게 망상은 자기실현적 예언이 되고 말았다. 거울 속의 여인인 그녀 자신이 사실 물건을 훔쳤으므로.

케니의 아버지는 오래된 샤워 커튼과 덕트테이프로 거울을 덮었다. 하지만 이 행동은 하나의 유리판에서 다른 유리판으로 혼란의 대상이 옮겨가게 했을 뿐이다. 이내 엄마의 컴퓨터와 휴대전화가 환상이 들락거리는 통로가 되었다. 그녀는 패티 김과 문주란 같은 한국 가수들이 나오는 유튜브 영상을 보면서 이들이 자신의 절친한 친구라고 우겼다. 그리고 유리판 너머의 가수들과 대화를 이어나갔다. 케니가 방문했을 때는 케니를 자리에 앉히고는 유명한 친구들에게 자기 아들이라고 소개하곤 했다. 친구들은 한목소리로 *엄마*가 노래하는 목소리가 아름답다고 했다. 그녀가 친구들의 요청으로 노래를 부르면 방 두 개짜리 아파트에 수백 명의 청중이 들어찼다. 청중은 케니가 오는 순간 사라졌다.

우리는 턱없이 부족한 보살핌이 제공되는 양로원으로 *엄마 아빠*를 모셔갔다. 제 때 식사가 나왔고 매주 빨래를 해주었지만, 악화 중인 그녀의 상태를 감당해낼 수 없는 곳이었다. 이곳의 개인 공간은 축소된 집처럼 작은 주방과 침실, 텔레비전이 있는 거실 등을 모두 갖추었기에 우리는 여기에 두 분을 모심으로써 금세 모든 게 원상태로 돌아갈 거라고, 삶이, 정신이 우리 눈앞에서 무너져내리고 있지 않다고 좀 더 우리 자신을 속일 수 있었다. 우리는 필요한 가구를 이케아에서 구매해 온종일 조립하면서 그의 부모님이 맞이할 편안한 삶을 상상했다. 나는 여전히 치매 환자를 보살피는 일에 대해 단순하게 생각했다. 엄마는 창가에 조용히 앉아 시간을 보낼 테고 어쩌면 퍼즐을 풀거나 그림책을 한 장 한 장 넘길 것이다. 나는 1960년대와 1970년대를 주제로 하는 타임라이프* 책들을 구매해야 한다고 케니에게 계속 말했다. 사진으로 가득한 책이니 기억을 자극할 수 있을 것 같았다.

케니와 나는 케니의 부모님이 수십 년간 살았던 시내의 아파트를 정리하러 갔다. 주방 수도꼭지 옆의 물병 안에서 어린 담쟁이덩굴이 자라고 있었다. 담쟁이덩굴의 다듬어지지 않은 뿌리가 유리 벽을 건드렸다. 싱크대에는 엄마가 과일과 함께 내오던 기념 포크가 있었다. 냉장고에는 그녀가 수집한 자석들의 흔적(하와이 일몰 자석과 스마일 자석들)이 남아 있었다. 거실에는 기이하게도 독수리 둥지만큼이나 큰 전선 뭉치가 한 구석을 차지하고 있었다. 덩굴 식물이 바구니에서 기어 나왔고 원숭이 인형이 그 속에 숨어 있었다. 침실의 옷장 바닥에서 또 다른 둥지를 발견했다. 이번에는 매듭 지은 넥타이 여남은 개로 이루어진 둥지였다. 침대 아래 있는 일기장에는 한국어 시가 적혀 있었고 (언어를 배우려는 *엄마*의 꾸준한 노력의 일환으로) 그 아래에는 영어로 신중하게 번역이 되어 있었다. 일기장을 넘기다 보니 이런 문장이 있었다. "우리에게는 앞날을 알려주는 외침이 없다. 우리는 오늘을 위해 살 수 있을 뿐이다." 그리고 어디에나 스크래블** 타일과 옷걸이가, 마무리 짓지 않은 일

---

* 미국 타임사의 계열사. 영향력 있는 시사주간지인 〈타임〉과 사진 위주의 포토저널리즘으로 유명한 〈라이프〉지를 발행하던 회사의 계열사답게 질 높은 사진과 우수한 필진으로 좋은 평가를 받았다.

** 알파벳이 적힌 타일로 단어를 만드는 보드게임.

과 해진 조각이 널려 있었다. 싱크대 아래와 수납장 안에 개봉되지 않은 세제 병 여남은 개가 있었다. 창문을 키친타월로 닦자 까맣게 먼지가 묻어나왔다.

케니 부모님의 오랜 보금자리를 청소한 뒤에 우리가 다시 한번 안개 속으로 나아가고 있음을 알아챘다. 인생의 이 시기에 의미를 부여하기 위해 새로운 이야기가 필요했다. 우리는 그 이야기를 적으며 여러 해를 보낼 터였다.

자기 삶을 통제할 수 있다는 착각

전 세계에서 3초마다 한 명씩 치매에 걸린다는 이야기를 들은 적이 있다.[1] 그게 대체 어떤 의미일까? 치매는 스위치로 꺼지는 등이 아니다. 그건 석양같이 알아채기 힘들 만큼 서서히 지기에, 언제 절반이 졌는지, 언제 완전히 넘어갔는지 알 수 없다. 치매는 기억 귀퉁이에 그림자를 드리우고 갉아먹는다. 처음에는 착각으로 느껴지나 그사이에도 치매는 계속해서 거침없이 진행된다. 결국 경고 단계가 지났다는 사실을 알아차린 뒤에는 그 누구도 부인할 수 없는 밤의 수렁에 빠져버린다. 그럼에도 분명 3초 정도는 "그녀가 본래의 모습을 잃고 말았어. 우리는 그녀를 잃었고"라고 확신하던 순간이 있었을 것이다.

본래 모습이 완전히 사라져버리기 전에 그녀가 마치 예전으로 되돌아온 것처럼 보인 적이 여러 번 있었다. 종착점에 이르기까지 도중에 흔들리기도, 반대 방향으로 꺾이기도 했지만 결국 원래 가던 대로 하향 곡선을 탔다. 나는 케니에게 물어보았다. "어머니가 네게 신경을 써준다고 마지막으로 느낀 때가 언제야?" 그러자 케니는 부모님을 양로원에 모셔 가고 부모님의 오래된 보금자리를 치우기 얼마 전의 일을 떠올렸다. 어머니 때문에 아버지와 싸우고 있을 때였다. 케니와 아버지는 어머니가 잘 알아듣지 못하는 영어로 어머니의 상태에 대해 논의하고 있었다. 하지만 엄마는 둘의 감정을 읽고서 대화에 끼어들어 케니의 아버지에게 아들을 속상하게 하지 말라고 했다. 혼란 속에서도 그녀는 케니를 걱정시키면 안 된다고 했다. "그건 작은 각본이었어." 케니가 말했다. "엉키고 찌든 머릿속에서 나를 보호하려고 하는 본능이 작은 각본처럼 튀어나왔어. 그리고 그게 엄마처럼 행동한 마지막 순간이었어."

소비문화가 약속하는 성인의 모습과 우리가 이어받는 성인의 역할 사이에는 엄청난 차이가 있다. 소비문화는 주체성을 지닌 미래, 인상적으로 만개한 상태, 자신의 상황뿐 아니라 감정까지 제어하는 경험을 약속했다. 하지만 실제 삶에서 시련을 겪으면 그 정반대에 가까운 인상을 받게 된다. 삶은 우리에게 통제력이 없음을 가르치면서 우리를 어른으로 만든다. 살다 보면 삶이 엔트로피에 대항한 희극에 가까운 전쟁이라는 사실이 드러난다. 우리가 낭송해주기만을 기다리는 단 하나의 이야기는 없다. 그저 불완전하고 미숙한 구상, 나름의 쓸모와 허점이 있는 이야기들만이 있다. 그리고 부모님을 돌보며 보낸 해들보다 이 진실이 더 와닿은 때는 없었다.

케니와 나의 부모님은 모두 베이비붐 세대의 선두주자에 속했다. 즉 케니와 나는 새로운 시대의 도래를 알리는 일종의 전령이었다. 우리는 꽤 비슷한 경험을 해왔지만, 치매가 있는 부모님을 돌보는 일이 이제 막 우리 세대에게 시작되려 하고 있었다. 이러한 돌봄은 삶을 불쑥 소용돌이 속으로 던져넣으며 밀레니얼의 주의를 장악하고 계좌와 (가장 마음 아프게도) 양심을 지배한다. 오직 기후변화(우리의 돌봄 능력을 평가하는 또 하나의 분야)만이 이와 맞먹는 영향력을 갖는다.

병세가 완연해지면서 엄마는 치매를 앓는 전 세계 5000만 명의 환자 대열에 합류했다. 앞으로 수십 년간 그 수는 세 배 이상 증가하여 2050년 무렵에는 1억 5200만 명으로 늘어날 전망이다[2](전 세계 노인 인구도 늘고 있다[3]). 그 많은 치매 환자를 돌보는 비용도 두 배 증가하여 현재는 매년 1조 달러가 들지만 추후 2조 달러로 늘어날 것이다. 한편 노인을 돌보는 인력이 부족해질 날도 멀지 않았다[4](전문 돌봄 인력을 양성하기가 특히 어려운 까닭은 노인병 전문의의 보수가 딱히 높지 않기 때문이다. 노인병 전문의의 수입은 방사선 전문의나 심장병 전문의의 절반에 불과하다[5]). 게다가 이 정도는 잠재적 부담의 시작에 불과하다. 예를 들면 인도처럼 비교적 가난한 나라에서는 전체 치매 사례 중 90퍼센트가 진단되지 않고 넘어간다.[6] 세계 대다수 나라가 미국만큼 특권을 누린다면 진단된 환자 수와 비용이 끝을 모르고 치솟을 것이다.

물론 조 단위의 비용조차 고통을 조금 덜어줄 뿐이며 약간의 도움밖에 되지 않는다. 현실은 여전히 혼돈이고 슬픔이다. 그해 봄, 케니의 부모님을 양로원에 모시고 몇 주밖에 지나지 않았을 때 케니의 아버지가 전화를 걸었다. 그는 한계점을 넘어선 상태였다. 엄마가 소리를 지르고 악을 쓰는 바람에 또다시 밤새 한숨도 잠을 자지 못했다고 했다. 그녀는 칼까지 빼 들었다.

전날 아버지는 어머니와 함께 담당 정신과 의사를 보러 갔었고, 의사는 이렇게 공격적인 행동이 계속되면 정신병동에 입원해야 한다고 경고했다. 그래서 케니와 나는 차를 운전해간 뒤 부모님을 뒷좌석에 태우고 마운트 세인트 조지프 병원으로 갔다. 마치 같이 저녁 외식을 하러 가거나 약간 따분한 일을 처리하러 가는 것처럼 기묘할 정도로 단순했다. 케니가 안전벨트를 매어드린 뒤에 어머니는 그저 창밖을 바라보았다. 자기를 어디로 데려가냐고 어머니가 묻지 않은 지 벌써 여러 달이 되었다.

　　마운트 세인트 조지프 병원의 정신병동에 입원하려면 응급실을 통해야만 했다. 그래서 우리는 병원으로 터덜터덜 걸어 들어가서 한나절 동안 진행될 입소 인터뷰와 검사를 시작했다. 간호사가 검사를 위해 엄마의 가슴에 센서를 부착했다가 약간 거칠게 떼어내자 엄마가 고통스럽다는 듯이 과장된 연극조로 비명을 질렀다. 환자복으로 갈아입고 혼잡한 응급실에서 몇 시간 동안 기다린 끝에 모든 압박과 불안은 그녀가 감당하기 힘들 정도로 거대해졌고 작은 불편에도 집에 가거나 혼자 있게 해달라는 애원이 시작되었다. 패치 애덤스*를 닮은 50대의 온화한 정신과 의사가 다녀갔다. 그는 엄마를 아이처럼 대했다. 케니는 놀라기는 했지만 동시에 이 방법이 얼마나 효과적인지 알아차렸다. 의사는 케니에게 엄마가 걸을 때 발을 헛디디는지, 앞으로 나아가지 못하고 발을 질질 끌지는 않

＊　　본명은 헌터 도허티 애덤스Hunter Doherty Adams로 의사이자 광대, 사회 운동가다. 환자와의 소통을 중시하고 치료에 웃음을 접목한 것으로 유명하며, 그의 삶은 〈패치 아담스〉라는 영화의 토대가 되었다.

　　　　　　　　　　　　　　　　우리가 살 수 없는 미래

는지 물었다. 의사는 원인이 알츠하이머병인지 루이체 치매인지 진단하려 했다(알고 보니 크게 의미 없는 분류였다). 그녀의 질환에 이름을 붙이려는 시도는 여러 의사와 기관을 전전하는 동안 계속되었다. 그녀가 보이는 증상들을 묶어 깔끔하게 하나의 범주로 분류하기 위해 병명을 찾는 일은 처음에는 매우 중요하게 느껴졌으나 시간이 흐르면서 점점 피곤하고 무의미한 행동이 되었다. 사실 병명이 있든 없든 엄마가 겪는 일에는 실제적 정보가 없다시피 했다. 우리는 치매 진단이 얼마나 모호하고 힘든지 알고서 매우 놀랐다. 다양한 형태의 치매를 앓는 사람이 5000만 명이 넘음에도 가장 흔한 형태인 알츠하이머병을 진단할 실용적인 방법이 없어, 환자가 죽은 뒤에 병리학자가 환자의 뇌를 봐야만 한다. 그래서 치료는 추측과 추론에 기대고 상태와 추이를 지켜보면서 진행되었다. 여러 방식이 시도되었다. 존재하는지 존재하지 않는지도 모르며 계속움직이는 표적을 맞히기 위해 이런저런 약물이 시도되고 조합되었으며 복용량도 늘어났다 줄어들었다 했다.

마침내 엄마는 환자 이송용 침대에 눕혀진 채 위층에 있는 정신병동으로 실려 갔다. 앞으로 몇 달을 지내게 될 곳이었다. 첫날 밤에는 그녀를 남편, 아들과 떨어뜨려놓는 게 불가능했다. 그녀는 간호사들이 자기를 데리고 가는 동안 사태를 이해하지 못한 채 소리를 지르고 남편과 아들을 향해 팔을 뻗었다. 케니는 간호사를 한쪽으로 데리고 가서 그녀가 옛날 한국 가요를 얼마나 좋아하는지 설명했다. 케니가 생각해낼 수 있는 유일한 오락거리였다. 그래서 간호사들은 거기에 남겨진 그녀와 밤늦게까지 몇 시간을 함께 보내면서 본인들은 알아듣지 못하는 그녀의 젊은 시절 노래들을 들었다.

집으로 돌아온 뒤 케니가 나를 바라봤는데 죄책감으로 토할 것 같은 표정이었다.

엄마가 정신병동에서 3, 4개월을 보낸 뒤 장기요양 시설에 자리가 나자 우리는 다시 상황이 개선되리라는 순진한 희망을 품었다. 하지만 케니와 엄마가 요양 시설에 도착했을 때 입구에는 맞이해줄 사람이 없었고 제대로 된 입소 과정도 없었다. 엄마는 2인실을 배정받았다. 어머니와 방을 같이 쓸 사람은 편집증이 있는 여성으로 중국어만 할 줄 알았다. 그녀와 함께 엄마는 불안에서 비롯된 의미 없는 논쟁을 벌이며 몇 주를 보내게 될 터였다(둘 다 상대방이 자기 물건을 훔친다고 확신했다).

간호사들은 엄마를 복도 안쪽으로 이끌었고 케니는 집으로 돌아오기 위해 창문이 달린 문을 지났다. 비밀번호를 눌러야 하는 문이었다. 케니가 느릿느릿한 엘리베이터를 기다리며 서 있는데 어머니가 간호사들을 뿌리치고는 문으로 달려왔다.

우리가 살 수 없는 미래

네모난 유리창을 양 주먹으로 두들기면서 그녀가 외쳤다. "케니! 가지 마, 케니! 가지 마!"

케니는 목소리를 듣지 못하는 척했고 그사이 간호사들이 달려와서 어머니를 끌고 갔다. 엘리베이터가 도착했고 케니는 그곳을 빠져나왔다. 이어지는 몇 달 동안 그곳에서 어머니와 작별할 때마다 비슷한 일이 반복되었다.

케니가 일을 끝마치고 엄마를 방문하는 동안 나는 저녁 식사를 준비하는 일상이 점차 자리 잡았다. 우리는 저녁 식사를 하면서 무슨 일이 벌어지는지 이야기를 해보려 했다. 매번 나는 말을 꺼낼 때와 끝맺을 때 말고는 무슨 말을 어떻게 해야 할지 모르겠다는 느낌이 들었다. 도움될 만한 말은 하지 못한 채 아무 말이나 지껄이거나 중얼거리고 있다는 느낌도. 다른 때는 표현이 지나치게 적확해서 마치 대본 같다는 느낌, 영화에서 본 적이 있는 애도의 표현을 따라 하는 듯한 느낌도 들었다. 나는 내가 하려는 말을 정확히 표현한 적이 없었던 것처럼 케니의 말도 제대로 듣지 않았다. 그의 말에서 핵심을 비껴가며 들었다. 파멸을, 내가 사랑하는 사람이 맞이할 결말을 온전히 이해하기가 두려웠다.

말이 적절하게 느껴진 적이 없었다. 어쨌건 대화는 보통 눈물을 더 쏟으며 끝났고 결국에는 침묵이 잇따랐다. 당시에 가끔 나는 누군가 도로에서 우리 아파트의 거실 창을 힐끗 올려다보았다가 우리 둘이 머리를 숙인 모습을 발견한다면 분명 우리를 측은하게 여겼으리라고 생각하곤 했다. 물론 아무도 우리를 가엽게 여기지 않으리라는 사실을 알았다. 믿기진 않지만 우리는 이제 어른이었으니까.

극한상황에서 누군가를 돌보는 일

정보를 뒤적이다 보면 인간이 노인을 보살피는 이유는 조부모가 손주들의 생존 확률을 높이기에 데리고 있을 가치가 있기 때문이라는 진화론적 해석을 발견할 것이다. 케니와 내 상황에 대입해보기에는 이상한 이론이었다. 우리에게는 자녀가 없었고 따라서 아이를 돌볼 사람도 필요없었다. 게다가 엄마는 자기 두 딸이 다섯 손주를 낳았다는 사실을 기억하지도 못했다. 진화론적으로 대강 계산을 해보면 치매 환자를 돌보는 사람은 적자만 볼 뿐이다. 치매 환자는 점차 이기적으로 변하고 아이 같아지며 자기에게 필요한 것만 생각한다. 돌보는 사람에게 본인이 정서적, 육체적, 경제적 비용을 발생시킨다는 사실을 이해하지 못한다.

그래서 부모님을 돌보려는 본능과 더불어 항상 책임을 포기하고 싶은, 어둡고 몹시도 수치스러운 환상이 나타난다. 케

우리가 살 수 없는 미래

니와 나는 사실 어머니를 전문가들의 손에 맡긴 채 병동 문을 나설 때마다 책임을 포기하는 셈이다. 엄마가 복도를 돌아다니며 우리를 찾아 헤매는 동안 우리는 외식을 하고 일을 하고 빨래를 하며 예전과 달라진 바가 없는 것처럼 행동한다. 하지만 돌보는 이에게는 정신병동 문 앞에서 매일 작별 인사를 하는 것 이상으로 어두운 면이 잠재되어 있다. 책임을 영원히 포기해버릴 가능성이 있기 때문이다(불가해하게 보이지만 매일 벌어지는 일이다).

이런 환상은 세계 곳곳의 문화에 나타난다. 일본에는 노인을 나무가 우거진 숲에 버리는 설화 속 풍습인 '우바스테'가 있다. 북유럽 민담에서는 노인들을 그냥 가까운 절벽에서 떨어뜨린다. 암울하지만 효율적인 최후다. 나이 들거나 병약한 사람을 내치면서 돌봄을 집단적으로 포기하는 국가에 어마어마한 이득이 돌아가는 내용을 그린 공상과학소설만으로도 선반 여러 개를 채울 수 있다. 소설《로건의 탈출Logan's Run》을 보면 21세 이상인 사람은 모두 무거운 짐으로 여겨진다(21세 생일을 맞이하면 손바닥에 심긴 크리스털이 검은색으로 변하고 처형을 위해 '수면의 집'에 보고해야 한다). 죽음을 맞아야 할 나이가 지나치게 젊은 21세라는 설정은《로건의 탈출》이 쓰인 1960년대에는 좀 더 상상하기 쉬웠다. 당시에는 미국의 중위 연령이 28세에 불

과했다.[7] 현재와 비교하면 꼭 10년이 젊다.[8]《로건의 탈출》이
집필된 시대는 세계의 젊은이들이 자기들이 원하는 모습으로
사회를 고쳐나가던 때였다. 그 젊은이들이 이제 나이가 들어
노인요양 시설에 들어가고 있다. 이 글을 쓰는 시점에 소설을
쓴 두 저자의 나이는 각각 91세와 86세다.

노인 살해에 대한 환상은 다른 모든 환상처럼 극한 시기
에 매력을 발휘한다. 고대에 게르만족의 한 갈래인 헤룰리 부
족은 나이 든 이들을 부양할 형편이 안 되어서 그들을 찔러 죽
인 다음 장작더미에 시신을 태웠다고 한다. 과거에 기근을 겪
을 때 이누이트족은 노인을 얼음 위에 버려두어 저체온증으로
죽게 했다. 그 외에도 여기저기서 조금씩 일어나는 배신들이
있다. 1992년 미국응급의학회는 그해 7만 명의 노인이 가족에
의해 '유기'되었다고 보고했다[9](흔히 노인들은 우리가 엄마를 모셔
갔던 병원 응급실 같은 곳에서 옷에 '미안합니다'라고 적힌 쪽지를 단 채
로 발견된다). 〈뉴욕타임스〉는 이 현상을 보도하면서 "알츠하이
머병 환자를 돌보는 이들은 흔히 절망 상태였다가 번아웃 단
계에 접어든다"[10]고 했다. 노인을 유기한 사람들을 얼마나 비
난해야 할지, 얼마나 측은히 여겨야 할지 모르겠다. 어머니를
보고 올 때마다, 간호사들이 애원하는 어머니를 끌고 갈 때마
다, 비명을 듣지 못하는 척할 때마다 분명 케니의 머릿속에는

작은 논쟁이 오갈 테고 케니는 그때마다 자기가 괴물인지 아닌지 답을 정해야 할 것이다.

극한 상황에서 누군가를 돌보는 일은 소비문화와 달리 인간의 상호의존성을 강제적으로 직시하게 함으로써 인간성이 무엇인지 질문하게 한다. 그런 상황은 우리가 항상 어떤 존재였는지 떠올리게 해준다. 우리는 서로에게 필요한 부분을 세심하게 챙겨주는 동물이다.

영장류 동물학자인 프란스 드 발Frans de Waal은 심장질환으로 허약하고 정신적 문제도 안고 있는 성체 보노보인 키도고를 관찰하면서 영장류가 돌봄에 의지해서 살아가는 모습을 강조했다. 밀워키카운티 동물원에 데려왔을 때 키도고는 길을 헤매고 사육사의 지시를 따르지 못했다. 우리 안의 다른 보노보들은 새로운 일원이 곤경에 처해 있다는 사실을 알아채고는 키도고의 손을 잡고 사육사가 원하는 방향으로 이끌어주기 시작했다. "보노보들은 사육사의 의도와 키도고의 문제를 모두 이해했습니다." 드 발이 보고했다. "이내 키도고는 이들의 도움에 의지하기 시작했지요. 길을 잃었다고 느끼면 키도고는 구원 요청을 했고, 그러면 다른 보노보들이 얼른 다가가 키도고를 진정시키고 길잡이 역할을 해주었습니다."[11] 보통 그러한 돌봄 행위는 무리에서 서열이 낮은 일원에게 자연스레 주어지는 역할일 거라고, 사냥을 하지 못하거나 권위를 행사하지 못하는 일원에게 떠넘겨지는 불명예스러운 임무일 거라고들 추정한다. 그렇기에 키도고를 가장 꾸준히 도와주었던 보노보가 무리에서 가장 서열 높은 수컷인 로디였다는 발견은 유익한 교훈을 준다.[12] 키도고가 더 이상 스스로 움직이지 못하게 되자 로디는 키도고를 안고 다녔고 심지어 가장 질 좋은 먹이를 손수 먹여주기도 했다. 약자를 돌보는 일을 자기에게 주어진 중대한 역할로 여기는 지도자가 바로 여기 있었다. 그뿐만 아니라 로디는 앞을 못 보는 나이 든 암컷 보노보를 여기저기로 이끌어주었고 심지어 고아가 된 새끼 보노보를 키우려고 품에 안기도 했다.[13] 이러한 돌봄은 하인이 아니라 영웅의 특성이었다. 그리고 이들은 일상생활 속에서 영웅적인 일을 했다.

시간을 내서 동물을 제대로 관찰하면 이러한 이야기들(인간의 속성이라고만 여겼던 사려 깊고 정성스러운 돌봄을 실천하는 동물들의 이야기)을 어디서나 볼 수 있다. 이러한 돌봄은 종의 장벽도 뛰어넘는다. 곰이 호랑이를 가족의 일원으로 받아들이기도 하고, 상어의 공격을 막기 위해 병코돌고래가 수영하는 사람 주위를 둘러싸기도 한다. 한 코끼리는 사로잡힌 영양 무리를 풀어주려고 문빗장을 뽑았다. 마찬가지로 케니가 혼란에 빠진 어머니의 손을 잡으려고 자기 손을 내밀었을 때 그는 어쩌면 까마득히 오래되었으며, 어머니와 자녀, 심지어 인간종마저 넘어서 동물 세계에 필수 불가결한 행동을 한 것이었을지도 모른다. "왜 못된 심보는 과거 유인원 시절의 잔재이고 친절함은 인간에게만 있는 특성이어야 합니까?" 고생물학자인 스티븐 제이 굴드Stephen Jay Gould는 이렇게 묻는다. "왜 인간이 지닌 '고결한' 특성을 이야기할 때는 인간과 다른 동물 사이의 연속성을 찾지 않습니까?"[14] 서로를 돌보면서 우리가 천사처럼 행동한다고 해서는 안 된다. 동물처럼 행동한다고 해야 한다. 우리는 한결 나은 자신이 되어가고 있다.

타인의 관점을 직감으로 아는 놀라운 능력

다른 이를 돌보려는 본능의 뿌리는 한 갈래가 아니라 여럿으로 어지럽게 이루어진 그물망일 가능성이 크며, 각 분야 전문가들은 각자 자기가 가장 좋아하는 갈래로 당신을 이끌 것이다…….

신경학자라면 아마 '거울 신경세포'에 관해 이야기할 것이다. 거울 신경세포는 1990년대 초반에 발견되었다. 이탈리아 파르마대학교의 연구팀은 마카크원숭이가 바나나와 다른 물체를 쥘 때 운동신경이 활성화되는 모습을 관찰하려고 뇌에

센서를 심었다. 연구원들은 원숭이가 직접 바나나를 집을 때나 단순히 연구원이 바나나를 집는 모습을 지켜볼 때 똑같은 신경세포가 반응한다는 사실을 발견하고서 몹시 놀랐다. 대학원생이 점심을 먹고 나서 아이스크림콘을 들고 돌아왔을 때도 마치 자기도 아이스크림콘을 쥐고 있는 것처럼 원숭이의 뇌가 활성화되었다. 연구팀을 이끌던 자코모 리촐라티Giacomo Rizzolatti가 자기가 내놓은 결과를 믿는 데는 몇 년이 더 걸렸지만,[15] 결국에 영장류의 뇌 속에는 관찰한 행동을 따라 하고 재연하도록 설계된 신경세포가 있다는 결론에 다다랐다. 우리 마음이 상대의 동기를 이해하는 명쾌한 방식이다. 게다가 유용하기도 하다. 상대의 의도를 이해하면 그 의도를 조종하기가 더 쉽기 때문이다. 생물체는 다른 생물의 행동을 깊이 이해하는 능력에 따라 생존하기도 죽기도 한다. 그렇기에 자동으로 공감하게 돕는 거울 신경세포는 아마 진화적 이점일 것이다. 거울 신경세포는 몇 가지 무의식적 반응을 불러일으킨다. 예를 들면 웃는 얼굴이나 찡그린 얼굴이 눈 깜짝할 사이에 나타났다가 사라져도 우리는 자기도 모르게 그 표정을 따라 한다.[16] 다른 사람이(혹은 심지어 당신의 개가) 우리를 보면서 하품하면 '하품 전염 현상' 때문에 우리도 하품하게 될 것이다(다른 사람의 감정을 읽는 데 어려움을 겪는 자폐 아동은 자폐증이 없는 아동에 비해 이런 하품 전염 현상에 영향을 덜 받을 수 있다고 한다).[17] 감정 전염의 다른 예시로는 결혼식장에서 단체로 울음을 터뜨리거나 파티에서 춤을 추는 행동을 들 수 있다. 우리는 주변 사람들을 관찰하면서 그 상태를 공유하고 반영하도록 타고났다. 이렇게 타고나면 야생에서 살아갈 때 구체적 이점이 있다. 예를 들면 하품 전염 현상은 유인원 무리가 수면 패턴을 서로 맞추게 해준다. 휴식을 취하던 새떼는 무리 중 단 한 마리만이 알아챈 포식자에게서 동시에 벗어나려고 일제히 날아오른다.[18]

신경학자는 기분이 전염된다는 사실과 거울 신경세포를 발견했지만, 이것 역시 돌봄이 비롯되었을 가능성이 있는 뿌리 가운데 하나일 뿐이다. 심리학자라면 돌보려는 본능을 설명하기 위해 '마음 이론', 즉 타인은 정말 타인이라는 사실을 이해하는 능력에 관해 이야기할 것이다. 우리는 우리 자신의 마음만 아는 상태로 삶을 시작하지만 시간이 지나는 동안 타인의 관점을 직감으로 아는 놀라운 능력을 발전시킨다. 아기는 마음 이론을 지닌 채로 태어나지 않으며, 우주를 외로운 왕국이자 자기의 작은 의지가 거대하게 확장된 형태라고 생각하는 것으로 보인다. 거울 신경세포는 새끼 영장류의 뇌에서 바로 작동하면서 새끼가 상대의 표정을 흉내 내게 하지만 마음 이론은 그보다 덜 자동적이고 발달하기까지 여러 해가 걸린다(발달 자체는 이른 시기에 시작된다. 아직 한 살밖에 되지 않은 아이도 가족 구성원의 고통을 인식할 수 있고 심지어 위로하려고 한다).[19] 인간은 자라나면서 나름의 마음 이론을 발전시키고 타인이 단지 자기 삶이라는 드라마에 출연하는 조연이 아니라 복잡한 내면을 가진 개인이며 우리와 충돌을 빚을 수도 있다는 사실을 깨닫게 된다. 이러한 생각은 여전히 '이론'으로 남아 있다. 타인의 마음이 존재한다고 상정하더라도 여전히 비밀에 싸여 있는 데다가 알 방도가 없기 때문이다. 거울 신경세포와 마찬가지로 다른 사람의 관점에서 바라보는 행동에도 분명한 이점이 있다. 상대의 의도가 내 의도와 분리되어 있다고 생각할 수 있으면 상대를 조종하거나 상대의 자원을 차지할 책략을 짜낼 수 있다. 그와 동시에 타인의 관점에서 바라보다 보면 감정이입을 할 수 있는 길이 열린다. 우리 대부분은 타인의 감정을 고려하지 않고는 못 배긴다. 이 반응이 자동으로, 무차별적으로 일어나다 보니 우리는 심지어 소설이나 영화 속 가상의 인물이 느끼는 감정조차 진지하게 받아들인다. 우리의 마음 이론은 별로 힘들이지 않고도 또 다른 자아들을 만들어내는 단계까지 발달한다.

돌보려는 본능에 대한 세 번째 설명은 생물학자들이 주장하는 '생물학적 이타주의'다. 뒤영벌은 벌집을 지키기 위해서 자기 자신을 희생한다. 흡혈박쥐는 피를 토해서 사냥에 실패한 이웃 박쥐의 입에 넣어준다. 불임 개미는 자손을 남길 가능성이 없음에도 자신의 전 생애를 자기 집단의 안녕을 위해 바친다. 검은 새는 매를 발견하면 포식자의 주의가 자기에게 쏠릴 위험을 감수하며 경고음을 내서 다른 새에게 도움을 준다. 다른 개체의 생존 가능성을 높임으로써 자기 자신의 생존 가능성을 일부 포기하는 사례는 자연에서 얼마든지 찾아볼 수 있다. 그러나 다윈의 자연선택설은 우리 행동이 궁극적으로는 우리의 유전자를 자손에게 확실하게 전달하기 위해서 설계되었다고 암시한다. 그렇다면 우리 자녀가 아닌 이들을 도우려는 본능은 어떻게 설명해야 할까? 생물학자들은 진화 법칙이 개인 차원뿐만 아니라 집단 차원에도 적용된다는 점을 고려하면 수수께끼가 풀린다고 말한다. 당사자가 건강을 유지하며 자기 유전자를 자녀에게 전달한 뒤 자녀가 성숙할 때까지 보호하게 하도록 이기적이며 친족을 우선시하는 유전자가 진화했을 것이다. 그와 동시에 커다란 공동체가 번영하도록 이타적 유전자도 진화했다. 순전히 이기적인 개체들로만 이루어진 영장류 무리는 서로 자원을 나누고 포식자를 경고해주고 아픈 개체를 돌보는 무리보다 생존에서 훨씬 뒤처졌다. 그렇게 이타적인 무리의 일원은 자기의 이타적 유전자를 자손에게 물려주었다. 그 유전자가 무리 전체에게 이득을 안겨줄 뿐이고 개체의 생존 가능성에는 타격을 줄지라도. 다윈 자신도《종의 기원》을 쓰고 10여 년 뒤인 1871년에 출간한《인간의 유래와 성선택》에서 '집단 선택'이라는 개념을 제안하려 했던 것같다. 한 세기가 지난 뒤 리처드 도킨스Richard Dawkins는《이기적 유전자》에서 진화의 원동력은 사실 유전자(생명체의 정보) 가운데 무엇이 살아남느냐이고 개체의 생명은 크게 중요치 않다고 자세히 설명한다. 긴 역사의 관점에서 보면 우리 유전자는 친절하고 너그럽고 이타적이고 심지어 자기에게 보답할 수 없는 상대도 돌보는 특성이 꽃피도록 한다.

철학자 피터 싱어Peter Singer는 서로를 보살핀다는 특징이 인간 문명을 정의해왔다고 주장한다.[20] 그는 우리가 돌보는 사람들의 수가 계속해서 확장해나가는 모습을 상상한다. 엄마와 아이 사이에 처음 일어난 돌봄의 불꽃은 가까운 가족 일원을 보살피는 단계로 발전하고 그다음에는 그 돌봄이 부족 전체로, 국가 전체로, 인종 전체로, 그리고 드디어 전 인류를 포함하는 단계로 나아간다. 싱어가 그리는 희망 가득한 발전의 모습이다. 이러한 발전은 최종적으로 동물과 산호초 그리고 숲을 돌보는 방향으로 나아간다.

싱어는 우리가 거울 신경세포, 마음 이론, 생물학적 이타

우리가 살 수 없는 미래

주의 덕에 공감 넘치는 미래를 맞이하리라고, 이기적인 소비문화 이전부터 존재해왔고 이후에도 존재할 돌봄이 점점 더 빠르게 확장해갈 것이라고 상상한다.

돌봄의 목표, 소비문화의 목표

한 달에 한 번 겉핥기식으로 반쯤 가로막힌 소통이 오갔다. 케니는 어머니와 주변을 산책했다. 요양원에서 두 블록 떨어진 곳에 조용한 주택가가 있었다. 그녀는 평생 매료됐던 나무와 꽃에 더 이상 관심을 보이지 않았다(그녀의 침실을 치울 때 나는 완벽하게 보존된 네 잎 클로버를 비롯해 수많은 압화를 발견했다). 스카프를 두른 그녀는 이제 머리를 숙이고 걸으면서 자기 남편이 어디 있는지, 케니가 어디 있는지 물었다. "여기 있어요, 엄마." 묻지 않은 질문에 무의미한 대답을 하고 두 가지 분리된 생각을 뒤섞어 말하는 통에 대화는 불가능했다. 대화를 못하는 대신 케니는 어머니의 손을 붙잡았다. 하루는 어머니와 손을 잡은 채 같은 구역을 뱅뱅 돌던 케니가 어머니가 유튜브에서 재생하곤 했던 패티 김의 노래 한 소절을 무심결에 불렀다(새로운 시설에는 컴퓨터가 없었기에 몇 주 동안 어머니는 노래를 들을 수 없었다). 누군가가 그녀의 머리 뒤에 있는 재생 버튼을 누르기라도 한 것처럼 엄마가 고개를 들고 큰 목소리로 노래를 불렀다. "사랑할수록 깊어가는 슬픔에…….."

그녀는 멈추지 않았다. 그녀는 노래 전체를 알고 있었다. 자기가 어디에 있는지, 자기 손주들 이름이 무엇인지, 자기가 왜 요양 시설에 머무는지 알지 못했지만, 자기 아들이 부르기 시작한 노래는 듣자마자 알았다. 그녀가 노래 불렀다.

당신의 눈물이 생각날 때 기억에 남아 있는 꿈들이
눈을 감으면 수많은 별이 되어 어두운 밤하늘에 흘러가
리……
내 가슴에 봄은 멀리 있지만 내 사랑 꽃이 되고 싶어라.

2019년 늦여름에 가족 모두가 '선호했던 시설', 엄마를 가장 잘 챙겨줄 만한 곳에 자리가 났다는 연락이 왔다. 그래서 그녀는 시설을 다시 옮겼다. 케니는 이 일을 성사시키기 위해 이전 몇 개월 동안 번잡한 절차들을 헤쳐나갔다. 중간에 서류가 섞이는 바람에 어머니가 다른 지역의 보건 당국으로 배치되었고 그곳에서는 하마터면 그녀를 다른 도시에 있는 시설로 보내버릴 뻔하기도 했다.

새로운 시설에서 우리는 아름다운 공용 공간을 걸어 지나갔다. 도서관, 어항, 열대 새들이 있는 새장이 갖춰진 곳으로

우리가 살 수 없는 미래

가벼운 질환을 앓는 환자들은 이곳에서 휠체어에 나란히 앉아 텔레비전을 보고 대화를 나눌 수 있었다. 우리는 계속 걸어갔다. 그리고 엘리베이터를 타고 위층 특수 병동으로 갔다. 이곳에서도 엄마는 비밀번호로 잠긴 문 뒤에서 살게 될 것이다. 케니가 특수 병동 간호사와 입소 면담을 하는 동안 나는 엄마를 데리고 말굽 모양의 복도를 왔다 갔다 했다. 그리고 껍질 콩이랑 양배추, 양상추를 심어놓은 나무상자가 있는 작은 파티오로 그녀를 이끌었다. 하지만 그녀는 도통 채소에 관심을 보이지 않았다. 엄마는 우리가 계속 움직여야 한다고, 어딘가 다른 곳으로 가야 한다고 우겼다. 그녀는 내 손을 잡고 막다른 길로 이끈 다음에 이맛살을 찌푸렸다. 그리고 나를 반대편으로 데려갔다가 다시 이곳에 끌고 와서 똑같은 막다른 길에 맞닥뜨렸다. 우스꽝스러울 정도로 확고한 현실이 무엇이든 가능하다고 여기는 사고방식에 맞섰다. 막다른 길을 세 번째 공략한 후에야 나는 용기를 내어 그녀를 주도적으로 인도했다. 케니가 간호사와의 면담을 끝마치기를 기다리는 동안 이렇게 왔다 갔다 하면서 시간을 죽였다. 의미 없이 계속 거닐면서 나는 우리 모두 함께 산책로를 걷고 있는 것처럼 다른 노인들에게 묵례를 했다. 양심의 가책을 느끼면서 나는 케니가 돌아오자마자 바로 엄마의 손을 케니에게 넘겨주었다. 내가 별로 도움이 안

된다는 사실이 부끄러웠다.

그녀를 더 전문적인 이방인들에게 맡겨둔 채 우리는 아파트로 돌아왔다. 케니는 천천히 신발을 벗으면서 말했다. "나도 모르게 그동안 약간의 희망을 품어왔어. 마음 한구석에서 어머니를 적합한 요양 시설에 들여보낼 수만 있다면 모든 게 나아지리라고 내내 기대했던 것 같아. 그래서 요양 시설을 옮기는 데 모든 신경을 쏟았고. 이제 어머니는 우리가 가장 '선호하는 시설'에 있어." 케니는 이 단어가 자기를 비웃기라도 한듯이 '선호하는 시설'이라고 말할 때 성난 손짓으로 허공에 작게 따옴표를 그렸다. "어머니는 거기 있고, 여전히 아파. 아무것도 그 상황을 바꿔놓지 못할 테고."

며칠, 몇 주가 흘렀다. 간호사들은 엄마가 넘어지거나, 다른 노인들이 자기 남편을 빼앗아갔다고 비난하거나, 샤워하기를 거부하거나, 자기 아버지와 선생님 또는 누군가 아는 사람을 찾으며 소리치면 우리에게 전화했다. 케니는 계속해서 요양 시설을 방문했다. 케니에게는 가족이 곁에 없을 때 어머니가 어떻게 행동하는지 보려고 방에 살금살금 들어가는 습관이 생겼다. 하루는 문 앞에 서서 자원봉사자가 낡은 가정용 피아노로 옛날 노래를 연주하는 모습을 지켜보았다. 어머니는 연주자 옆에 서서 미소 짓고 가수처럼 은근한 자신감을 내비치

우리가 살 수 없는 미래

며 〈아름다운 갈색 눈동자Beautiful Brown Eyes〉를 따라 불렀다. 케니는 이 마법 같은 순간을 깨야 할지 말아야 할지 고민하며 문앞에 서 있었다. 그리고 어머니가 무슨 노래를 아는지도 알아낼 겸 기다렸다.

돌봄의 목표와 일상적 소비문화의 목표가 매우 동떨어져 있기에 둘 중 한 가지에 시간을 쏟다 보면 다른 쪽이 낯설고 이상해 보인다. 돌봄은 대체로 제때 나타나고, 자기 시간을 쪼개어 남에게 나눠주며, 감정 노동을 하고, 이기심을 억누르는 것으로 이루어져 있다. 소비문화는 그 가운데 아무것도 권하지 않으며 우리가 좇아야 할 단 하나의 빛나는 목표만을 제시한다. 바로 행복이다. 모든 광고는 삶의 목적이 행복이라고 주장한다. 그리고 성적 매력, 완벽해 보이는 가족의 모습, 직장에서의 권위, 해변에서 보내는 더할 나위 없이 행복한 오후를 권한다. 그 순간에 각각의 환상은 화면을 가득 채운 행복이 되어 요구사항을 늘어놓으며, 고통이나 괴로움을 위해서 또는 자신만의 행복을 찾지 못한 낙담한 사람들을 위해서 자리를 내어주지 않은 채 쉴 새 없이 떠든다. 여기에는 다른 경험이 만들어내는 기묘한 역설이나 숨겨진 의미를 위한 자리도 없다. 아픈 사람을 돌보는 일은 아이러니와 반전으로 우리를 겹겹이 감싼다. 그래서 우리는 부적절한 순간에 웃고 저녁 식사 자리에서 운다. 그와 비교하면 밋밋하고 딱 떨어지는 감정으로 차 있는 소비지상주의는 단순한 기분전환 거리에 불과하다.

　실제 행복은 우리가 얻는 것과 일치하지 않는다. 기본 욕구를 충족하기 위한 구매는 횟수가 늘수록 점점 우리를 행복하게 하지만, 어느 시점을 넘어서면 사회학자들이 '돌아오는 쾌락의 감소'라고 부르는 현상이 나타난다.[21] 좋은 순간을 돈으로 사기는 점차 힘들어진다. 그래서 광고인들은 물건 하나라도 더 구매하게 하려고 날이 갈수록 매혹적인 광고를 선보이며 행복을 약속하고 소비자를 애타게 할 방법을 찾아낸다. 한편 다른 모든 관심사는 잘못된 것처럼, 하나의 목표를 추구하는 데 끼어드는 방해물처럼 여겨지기 시작한다. 소비문화가 제공하는 행복이란 다른 모든 관심사를 지워 없애려고 하는 돈줄이 넉넉한 로비스트처럼 변해간다.

　하지만 소독약 냄새가 나는 병원 공기에 익숙해진 사람들, 어머니가 한 구역이라도 걸어서 돌아다닐 수 있다는 사실에 희망을 품는 것이 무슨 의미인지 아는 사람들(매일 이들의 숫자가 늘어난다)에게 행복은 남의 나라 이야기이며 덜 중요한 이야기다. 2차 세계대전의 영웅이자 전 프랑스 대통령인 샤를 드골Charles de Gaulle은 행복한 사람들은 멍청이라고 말했다고 한다. 지금은 그가 무슨 말을 하려 했는지 알 것 같다. 단지 행복한 사람들이 쾌활하고 정신이 딴 데 팔렸기 때문이 아니라 행복한 순간, 행복한 날에서 위안을 구할 때마다 우리는 더 큰 현실을 보지 않으려고 눈을 감아버리기 때문이다. 언제나 행복한 상태는 삶의 한 귀퉁이에 숨어버린 상태일 것이다. 언제나 행복한 상태는 일종의 자살이다.

요즈음 남편이 느끼는 행복이란 새 모이통에 나타난 벌새 같다. 그걸 보기 위해 난 모든 걸 제쳐둔다. 이렇게 힘든 시기에 뜻밖에 찾아오는 행복은 작은 기적 같다. 그 순간만큼은 행복이 분명 삶의 유일한 목적이라고 느낀다는 점을 부인하지 않겠다. 그 순간에는 그렇게 느껴지고, 그렇게 보인다. 하지만 삶은 하나의 이야기가 아니라 여러 서사가 빚어내는 혼돈이다. 그리고 진정한 행복은 어두운 소용돌이 속에서 잠깐만 떠오르기 때문에 소중하다.

어머니가 예전에 하던 일

우리가 엄마를 네 번째 시설로 옮긴 뒤에 그녀는 옛날 한국 노래를 점차 안 부르게 되었다. 시설을 옮길 때마다 헐겁게 연결되어 있던 무언가가 흔들린 듯이. 어쩌면 단지 치매가 걷잡을 수 없이 진행되었던 것인지도 모르겠다. 그래도 그녀에게 노래가 몇 곡 남아 있었고 그 가운데는 수십 년 전에 케니에게 불러준 동요들도 있었다.

우리가 방문해도 그녀는 케니의 손을 예전만큼 꼭 잡지 않았다. 때로는 "당신 여기에서 뭐 하시는 거죠?"라고 묻는 듯이 눈을 깜빡이기도 했다. 비밀번호로 잠긴 문 뒤로 슬쩍 빠져나가기도 예전보다 쉬워졌으나 그건 그 나름대로 고통스러웠다. 그녀는 그곳에 있는 더 나이 든 신사분이 자기 아버지, 때로는 선생님이라고 판단하고는 그에게 매달리면서 혼란에 빠진 그 노인을 심한 불안 상태로 몰아갔다.

케니가 그녀와 산책을 나간 날, 잘 정돈된 작은 정원이 딸린 작은 집들을 지나면서 케니는 그녀와 대화를 시도했으나 실패하고, 다시 대화를 시도했으나 또 실패했다. 그녀는 묻지 않은 질문에 답했고, 세 가지 생각을 하나의 문장에 담아냈다. 그러다 보니 그녀의 말은 수수께끼가 되었다. 둘은 대화를 멈추었다. 잠시 뒤 케니는 〈너는 내 햇살You are My Sunshine〉의 첫 몇 소절을 휘파람으로 불었다. 불현듯 그녀의 표정이 밝아졌다. 엄마는 활짝 웃고는 거리 전체를 향해 노래 불렀다.

너는 내 햇살, 내 유일한 햇살!
네가 있어 행복해. 하늘이 잿빛이어도!

우리가 살 수 없는 미래

케니는 기뻐하며 같이 따라 부르기 시작했다…….

넌 모를 거야, 내 사랑. 내가 널 얼마나 사랑하는지.

하지만 그 소절에서 문득 세상 모든 어머니가 아는 사실을 깨달은 케니는 목이 메어 목소리가 나오지 않았다. 최근 몇년간 케니는 매일 아침 걱정 속에서 일어나고, 주기적으로 울고, 그녀가 필요한 곳에 필요한 모습으로 있어주었다. 그런데 그 모든 것은 그녀가 예전에 하던 일이었을 뿐이었다. 그리고 그녀는 자기가 돌봄을 받는다는 사실을 전혀 몰랐다. 베푸는 사람만이 아는 친절, 나누지도 보답받지도 심지어 알아주지도 않을 보살핌이었다.

둘은 다시 걸었다. 그녀는 자기가 기억해낸 단어에 매료되어 주변은 잊어버리고 행복감 속에서 다시 노래를 불렀다. 엄마는 두 번째로 노래를 끝낸 뒤(제발 내 햇살을 데려가지 말아줘……) 웃음을 터뜨리고 손뼉을 치며 자기 공연에 쏟아진 박수갈채를 즐겼다. 그러고 나서 케니에게 집에 가자고 말했다.

소비문화가 안겨주는 편리함과 거래되는 행복에 길들여진 밀레니얼 세대는 주기만 하고 받지 않는 게 무엇인지 배우게 될 것이다. 그 어느 때보다 많은 사람이 교환이라는 꿈같은 상황을 지나 일방적으로 주기만 하는 길로 들어설 것이다. 허약하고 연약한(그리고 그렇게 될 때쯤에는 자주 화를 내기도 하는) 노인에게 시간과 에너지를 쏟으며 가슴 아파하게 되겠지만 의학의 힘으로 혼돈에 빠진 상태가 길어지면서 노인은 고맙다고 말하는 대신 침을 뱉고 소리를 지를 것이다. 한편 출생률이 낮아졌기에 미래에 청년들이 돌봐야 할 사람의 수는 청년의 수보다 훨씬 많을 것이다.

우리는 돌봄의 문화로 접어들고 있다. 그리고 케니와 나처럼 아이가 없는 사람들은 나이 들어 우리 차례가 왔을 때 보살핌을 받을 수 있게 되기를 그저 바라는 수밖에 없다. 하지만 어떻게, 혹은 왜 돌봄을 받을지는 전혀 알지 못한다.

어쨌건 나는 미래에 나를 돌보아줄 사람에게 이렇게 권유하고 싶다. 타인, 특히나 호의에 보답할 수 없는 타인을 돌보는 일은 거대하고 지속적인 배려의 그물망 안으로 우리를 끌어들인다. 수고를 자처하여 무엇을 얻을 수 있을까? 일생에서 그때만큼은 남에게 도움이 될 기회, 끝없이 가지라고 부추기는 세상에서 베풀 기회를 얻는다. 우리가 지닌 진정한 유산은 유전油田이나 신탁 자금이 아니라 사람과 사람을 잇는 근본적 유대 관계다. 그리고 희생을 통해서 우리는 마침내 우리 삶의 이유를 설명할 수 있게 된다.

위의 문장을 쓰는 사이 케니의 어머니는 상태가 더욱 나빠졌다. 뇌의 다른 부위보다 이성과 감정 제어가 이루어지는 전두엽이 더 빠르게 망가졌고, 그녀는 요양보호사들을 때리기 시작했다. 그래서 그녀를 마운트 세인트 조지프 병원의 정신 병동으로 도로 데려가야 했다. 그곳에서 그녀는 간호사 한 명을 찼다가 제압되어 정신을 몽롱하게 만드는 약을 주사 맞았다. 우리는 응급실에 있는 그녀의 침대 가장자리에 앉은 채 친절한 정신과 의사가 해주는 말을 들었다. 그녀가 몇 달 전 이곳에 처음 왔을 때 진단해주었던 의사였다. 우리는 2번 침대였고 방 안에는 다른 침대가 여남은 개 있었다. 각각의 침대는 모두 파란 커튼으로 둘러싸여 외부와 차단되어 있었다. 그래도 샌드위치나 커피, 물을 가지러 가면서 커튼 뒤에서 사람들이 나누는 대화를 약간씩 들었다. 약을 과다복용한 나이 든 남자, 흉강에 피가 고인 남자, 엄마보다 심각한 치매를 앓는 여자가 있었다. 응급 상황을 맞이한 일련의 개인들이 있었고 그 중 운이 좋은 이들은 소곤소곤 대화를 나눠주고 위로를 해주는 사람들에게 둘러싸여 있었다. 나는 어느새 그들의 커튼 근처에서 신성한 사생활을 침범하면서 대화를 엿듣고 있었다. 그러면서 우리의 빛나고 행복한 세계에서 알려지지 않고 인정받지 못한 채 넘어가는 보살핌의 사례가 얼마나 많은지 생각했다.

사실 우리는 모두 아기임이 틀림없다. 그리고 세상 사람들은 이렇게 노래 부른다. "넌 모를 거야, 내 사랑."

케니의 어머니는 다음번 생일을 정신병동에서 맞았다. 캐시미어 스웨터나 양장본 소설책의 가치는커녕 자기가 어디에 있는지도 모르는 여성에게 어떤 선물을 줘야 할까? 케니는 어머니에게 윤기 흐르는 사과 타르트를 사다 주었지만 그녀는 타르트를 잠깐 바라보다가 고개를 돌렸다. 어쩌면 자기가 원하는 것일지도 모른다는 생각은 전혀 하지 못하는 듯했다. 케니는 타르트를 약간 떼어서 그녀의 입술에 가져다 댔고 그녀는 그 조각을 맛있게 먹었다. 하지만 이내 흥미를 잃었다. 타르트는 손대지 않은 채 예쁜 쓰레기로 남았다. 무언가를 원하는 본능이 모두 빠져나간 듯했다.

몇 주 뒤에 코로나19가 우리 지역에도 도달했다. 상점과 식당이 문을 닫았고 해변과 도로는 조용해졌으며 우리는 격리되었다. 그리고 요양원은 모든 방문을 금지했다. 팬데믹 이후 찾아갔을 때 엄마가 가족을 알아볼지 알 수 없었다. 우리가 할 일을 이미 충분히 해냈기를 바라는 수밖에 없었다. 하지만 '충분히'가 뜻하는 바가 도대체 뭘까?

방문이 금지되기 직전 어느 날 케니는 어머니 옆에 앉아

우리가 살 수 없는 미래

있었다. 갑자기 표정이 밝아진 어머니는 허리를 곧게 펴고 앉았다. "케니, 우리 사과 사러 가자."

"네, 엄마. 같이 사과 사러 가요."

물론 둘은 상점으로 향하지 않았고, 그저 그곳에 앉아서 서로 손을 잡았다. 쇼핑은 이제 앞뒤가 맞지 않는 데다가 훨씬 단순한 삶에서 나온 너무도 단순한 이야기였다.

10장

다른 이야기에 귀를 기울이면

All
We Want

수제는 인간이 수천 년간 살아남은 방법이다. 숭고함은 소비문화가 부상하기 오래전부터 우리 안에 존재한다는 느낌을 빚어냈다. 돌봄은 아마 인간의 가장 중요한 생존 전략일 것이다. 없어도 된다고 여겨지는 이런 이야기들은 사실 인간 삶의 토대를 이루는 요소다.

삶은 하나의 이야기가 아니다. 그건 여러 가지 이야기다.

겉으로나마 삶에 의미나 목적을 부여하기 위해 우리는 매일, 매시간 서사를 끌어다 쓴다. 우리는 영웅과 악당을 정한다. 왜인지, 무슨 이유에서인지 자기에게 설명한다. 하지만 매번 똑같은 이야기에만 의지하다 보면 일종의 빈곤 상태에 처하면서 경험과 상상의 폭이 갑갑할 정도로 좁아진다. 20세기에 우리는 소비에 대한 단 하나의 이야기를 받아들임으로써 자연 세계를 보는 우리 관점도 좁아졌다. 지구는 또 하나의 소비 대상으로 전락했다.

그 대가로 우리는 우리가 행복한 주인공이 되리라는 약속을 받았다. 탐욕의 관성은 더 많이 모으고 움켜쥘수록 주인공으로서의 활약상이 더 드러날 거라고 암시했다. 주인공 이야기는 얼마간 먹혔다. 하지만 장기적으로 보면 현실은 더 암울하고 빈약했다. 관심이 온통 거대하고 획일적인 소비문화로 쏠리면서 경험이 뭉텅뭉텅 사라졌다.

이 책은 불안 속에서 흐린 시야로 주변을 살피며 사라진 이야기들을 찾던 시기에 일어난 일을 담고 있다. 모든 세대가 똑같이 하고 있다. 우리는 이런 이야기들이 완성된 형태로 우리를 기다리고 있으리라고 생각했다. 하지만 소비문화가 남긴 잔해에서 몸을 돌려 수제로, 숭고함으로, 돌봄으로 향했을 때 분간하기 힘들 정도로 흐릿한 형태만을 발견했다. 흑백으로 지직거리는 텔레비전 화면이 떠 있는 듯했다.

닫힌 이야기에서 진행형인 질문으로

다른 이야기들은 우리 시대에 통용되는 단 하나의 신화와는 다른 언어를 사용했다. 소비문화는 완성된 제품을 제공하지만, 수제는 제품이 탄생해나가는 과정을 알려준다. 소비문화가 우리에게 소유할 물건을 제공한다면 숭고함은 우리가 가질 수 없는 것을 제공한다. 그리고 소비문화는 만족을 제공하지만, 돌봄은 희생과 헌신을 요구한다. 이 모든 대안은 예전에 우리에게 주어졌던 허술한 답에서 관심을 떼어놓는다. 우리는 그 빈자리를 깊이 있는 체험, 아리스토텔레스의 에우다이모니아, 겸허하고 경건한 삶의 리듬으로 채운다.

선행을 베푼다는 건 어떤 의미일까? 무심한 우주에서 우리는 어디에 속할까? 우리 가운데 가장 취약한 사람을 도울 수 있을까? 현재 진행형인 이러한 질문이 소비지상주의라는 닫힌 이야기를 대체할 수 있다. 이런 질문이 처음에 너무 어렴풋해 보인다면 그건 소비지상주의가 이런 문제를 하찮게 보이도록 만들었기 때문이다. 우리 문화에서 '수제'는 정성 들인 커피 한 잔, '숭고함'은 〈스타워즈〉 영화, '돌봄'은 외모를 가꿔주는 화장품으로 변했다. 우리는 다른 이야기가 중요하지 않거나 사치에 불과하다고 여기는 데 익숙해졌다.

사실 다른 이야기들은 삶의 기본을 이룬다. 수제는 인간이 수천 년간 살아남은 방법이다. 숭고함은 소비문화가 부상하기 오래전부터 우리 안에 존재한다는 느낌을 빚어냈다. 돌봄은 아마 인간의 가장 중요한 생존 전략일 것이다. 없이도 된다고 여겨지는 이런 이야기들은 사실 인간 삶의 토대를 이루는 요소다. 이 이야기들에 귀를 기울임으로써 우리는 기다리던 해결책에 몇 발짝 더 다가가게 될 것이다. 우리가 이 대안들을 자발적으로 선택할지, 기후 재앙 속에서 살아남기 위해 어쩔 수 없이 받아들이게 될지는 확실치 않다.

이 여정이 시작되었던 예쁜 쓰레기 언덕에서 나는 한 겹

흙 위에서 자라는 주황과 파랑 꽃들을 냉소적으로 바라보았다. 나는 처음에 그게 눈가림일 뿐이라고, 아래 있는 폐기물을 잊으려는 방편일 뿐이라고 생각했다.

지금은 그 꽃들을 다르게 본다. 눈가림이라는 사실도 어느 정도 맞지만, 그게 다는 아니다. 그 꽃들은 인간이 고상함과 새로운 기회를 계속 요구한다는 점을 시사하고 상기해준다.

우리의 미래는 더도 덜도 아니고 과거의 종합이다. 우리의 이야기, 즉 삶은 매립지 비탈에서 피어오른 꽃들처럼 문제 많은 과거에서 돋아났다. 우리가 받아들이는 이야기들, 새롭지만 매우 오래된 삶의 평가 방식은 내가 여태껏 상상하던 것처럼 언제나 알아보기 힘들고 모호한 형태로 불안정하게 공중을 떠돌지 않을 것이다. 이 이야기들은 뿌리내리고 생기를 머금은 채 손을 뻗으면 만질 수 있을 듯이 선명해지고 있다. 끈질기고 파릇파릇한 이 이야기들은 이제 막 시작되려 하고 있다.

1장

1 The World Bank, "Global Waste on Pace to Triple by 2100," World Bank, October 30, 2013, http://datatopics.worldbank.org/what-a-waste/.

2 "UN Report: Time to Seize Opportunity, Tackle Challenge of E-Waste," January 24, 2019, https://www.unenvironment.org/news-and-stories/press-release/un-report-time-seize-opportunity-tackle-challenge-e-waste.

3 Megan Garber, "The Trash We've Left on the Moon," *The Atlantic*, December 19, 2012, https://www.theatlantic.com/technology/archive/2012/12/the-trash-weve-left-on-the-moon/266465/.

4 NASA, "Space Debris and Human Spacecraft," September 26, 2013, https://www.nasa.gov/mission_pages/station/news/orbital debris.html.

5 City of Vancouver, "2019 Annual Report for the Vancouver Landfill," March 31, 2020, https://vancouver.ca /files/cov/2019-vancouver-landfill-annual-report.pdf.

2장

1 Hillary Hoffower, "Meet the Average American Millennial," *Business Insider*, February 27, 2020, https://www.businessinsider.com/average-american-millennial-net-worth-student-loan-debt-savings-habits-2019-6#and-the-typical-millennial-has-less-than-5000-in-rheir-savings-account-3.

2 Kim Parker and Ruth Igielnik, "On the Cusp of Adulthood and Facing an Uncertain Future," Pew Research Center, May 14, 2020, https://www.pewsocialtrends.org/essay/on-the-cusp-of-adulthood-and-facing-an-uncertain-future-what-we-know-

about-gen-z-so-far/.

3 Lenny Bernstein, "U.S. Life Expectancy Declines Again, a Dismal Trend Not Seen Since World War One," *Washington Post*, November 28, 2018, https://www.washingtonpost.com/national/health-science/us-life-expectancy-declines-again-a-dismal-trend-not-seen-since-world-war-i/2018/11/28/ae58bc8c-f28c-11e8-bc79-68604ed88993_story.html.

4 Harriet Pike, "Life Expectancy in England and Wales Has Fallen by Six Months," *BMJ* 364 (March 11, 2019), 1123.

5 그 이유는 부분적으로 오늘날 젊은 세대가 이전 세대보다 홀로 사는 비율이 훨씬 높기 때문이다. 이러한 변화에는 물질적 결과가 따랐다. 함께 산다면 다른 구성원과 같이 썼을 가구, 기기, 공간을 1인 가구로 살면 각자 갖추어야 한다.

6 UN Environment, "Our Planet is Drowning in Plastic Pollution," accessed October 14, 2019, https://www.unenvironment.org/interactive/beat-plastic-pollution/.

7 Homi Kharas, "The Unprecedented Expansion of the Global Middle Class: An Update," Global Economy and Development at Brookings, February 2017.

8 William Rees, "Memo from a Climate Crisis Realist," *The Tyee*, November 12, 2019, https://thetyee.ca/Analysis/2019/11/12/Climate-Crisis-Realist-Memo/.

9 Frank Tang, "China's Globalisation Pioneer Says It Is Now Time to Look Closer to Home amid US Decoupling Moves," *South China Morning Post*, June 8, 2020, https://www.scmp.com/economy/china-economy/article/3088060/chinas-globalisation-pioneer-says-it-now-time-look-closer.

10 The World Bank, "CO_2 Emissions (metric tons per capita)," https://data.worldbank.org/indicator/EN.ATM.CO2E.PC?end=2014&start=1960&view=chart.

11 2019년 6월 11일 해리엇와트대학교의 석유지구과학 교수인 도릭 스토Dorrik Stow를 인터뷰했다.

12 BP, "Statistical Review of World Energy: 2020," 14-15, https://www.bp.com/content/dam/bp/business-sites/en/global/corporate/pdfs/energy-economics/statistical-review/bp-stats-review-2020-full-report.pdf.

13 Nadia Drake, "Our Nights Are Getting Brighter and Earth Is Paying the Price," *National Geographic*, April 3, 2019, https://www.nationalgeographic.com/science/2019/04/nights-are-getting-brighter-earth-paying-the-price-light-pollution-dark-skies/.

14 Mike Carlowicz, "Summer Blooms in the Baltic and Barents," NASA, https://earthob-servatory.nasa.gov/images/92462/summer-blooms-in-the-baltic-and-barents.

15 Scottie Andrew, "A Heat Wave in Antarctica Melted 20% of an Island's Snow in 9 Days," CNN.com, February 24, 2020, https://www.cnn.com/2020/02/24/world/antarctica-heat-wave-melt-february-trnd/index.html.

16 Scott A. Kulp and Benjamin H. Strauss, "New Elevation Data Triple Estimates of Global Vulnerability to Sea-level Rise and Coastal Flooding," *Nature Communications* 10 (2019), 4844.

17 Jamie Tarabay, "Why These Australia Fires Are Like Nothing We've Seen Before," *The New York Times*, January 21, 2020, https://www.nytimes.com/2020/01/21/world/australia/fires-size-climate.html.

18 Damien Cave, "The End of Australia as We Know It," *The New York Times*, February 15, 2020, https://www.nytimes.com/2020/02/15/world/australia/fires-climate-change.html.

19 Damien Cave, "The Fires Are Out, But Australia's Climate Disasters Aren't Over," *The New York Times*, February 23, 2020, https://www.nytimes.com/2020/02 /23/world/australia/climate-change-extremes.html.

20 "World is 'On Notice' as Major UN Report Shows One Million Species Face Extinction," May 6, 2019, https://news.un.org/en/story/2019/05/1037941.

21 Elizabeth Pennisi, "Three Billion North American Birds Have Vanished Since 1970, Surveys Show," *Science*, September 19, 2019, https://www.sciencemag.org/news/2019/09/three-billion-north-american-birds-have-vanished-1970-surveys-show.

22 Donella H. Meadows, Dennis L. Meadows, Jørgen Randers, and William W. Behrens III, *The Limits to Growth* (New York: Universe Books, 1972), 23.

23 Ibid., 157.

24 Ibid., 170.

25 Wilfred Beckerman, *Two Cheers for the Affluent Society* (NewYork: Saint Martin's Press, 1974), 91-2.

26 Matthew Simmons, "Revisiting The Limits to Growth: Could the Club of Rome Have Been Correct, After All?", September 29, 2000, https://www.estudiomc.es/documentos/revisiting-the-limits-to-growth.pdf.

27 이런 방식으로 측정하면 각각의 나라가 얼마나 잘하고 있는지에 대해 근본적

으로 다른 해석을 얻게 된다. 참진보지수GPI, Genuine Progress Indicator라고 불리는 평가 방식은 삶의 질과 연관된 24개의 항목을 측정하는데 이에 따르면 미국은 1973년부터 꾸준히 후퇴해왔다.

28 Fiona Harvey, "Britons Want Quality of Life Indicators to Take Priority Over Economy," *The Guardian*, May 10, 2020, https://www.theguardian.com/society/2020/may/10/britons-want-quality-of-life-indicators-priority-over-economy-coronavirus.

29 NASA, "Global Climate Change: Vital Signs of the Planet," November 2020, https://climate.nasa.gov/vital-signs/carbon-dioxide/.

30 Simon Kuznets, *The National Income 1929-1932*, National Bureau of Economic Research, 1934.

31 Simon Kuznets, "How to Judge Quality," *New Republic*, October 20, 1962.

32 World Health Organization, "Health Benefits Far Outweigh the Costs of Meeting Climate Change Goals," December 5, 2018, https://www.who.int/news-room/detail/05-12-2018-health-benefits-far-outweigh-the-costs-of-meeting-climate-change-goals.

33 USGRCP, "Fourth National Climate Assessment: Volume II," (2018), https://nca2018.globalchange.gov/.

34 World Meteorological Organization, "Hurricane Dorian Causes Devastation in Bahamas," September 3, 2019, https://public.wmo.int/en/media/news/hurricane-dorian-causes-devastation-bahamas.

35 Laura Payton, "Climate Change Could Cost Billions a Year by 2020," September 29, 2011, https://www.cbc.ca/news/politics/climate-change-could-cost-billions-a-year-by-2020-1.1097373.

36 Economist Intelligence Unit, "Global Economy Will Be Three Percent Smaller by 2050 Due to Lack of Climate Resilience," November 20, 2019, https://www.eiu.com/n/global-economy-will-be-3-percent-smaller-by-2050-due-to-lack-of-climate-resilience/.

37 제번스는《정치경제학 이론》에서 물건의 가치가 물건 생산에 들어가는 재료와 노동에서 기인한다기보다 소비자의 욕망에서 비롯된다고 분명하게 주장했다. 상품은 누군가가 원하기에 가치를 지닌다. 제번스는 전반적으로 필요보다는 욕망에 기반한 접근법으로 경제를 다뤘다.

38 Remarks by UN Secretary General at Pre–COP25 Press Conference, December 1, 2019, https://www.un.org/sg/en/content/sg/press-encounter/2019-12-01/un-secretary-generals-remarks-pre-cop25-press-conference-delivered.

39 BP, "Statistical Review of World Energy: 2019," https://www.bp.com/content/dam/bp/business-sites/en/global/corporate/pdfs/energy-economics/statistical-review/bp-stats-review-2019-full-report.pdf.

40 게다가 미래에 에너지 대부분이 태양광 패널과 풍력 터빈에서 나온다고 하더라도 이러한 설비를 만들고 주기적으로 교체하는 데 엄청난 양의 강철, 콘크리트, 플라스틱, 구리와 함께 네오디뮴 같은 희토류들이 필요할 것이며, 이런 자원을 채굴하는 산업은 화석연료에 의존한다.

41 US Energy Information Administration, "International Energy Outlook 2019," https://www.eia.gov/outlooks/aeo/data/browser/#/?id=2-IEO2019&sourcekey=0.

42 Kate Raworth, "A Healthy Economy Should Be Designed to Thrive, Not Grow," TED2018, April, 2018, https://www.ted.com/talks/kate_raworth_a_healthy_economy_should_be_designed_to_thrive_not_grow?language=en.

43 Frank Trentman, *Empire of Things* (London: Penguin Books, 2016), 664.

44 Naomi Xu Elegant, "The Internet Cloud Has a Dirty Secret," *Fortune*, September 18, 2019, https://fortune.com/2019/09/18/internet-cloud-server-data-center-energy-consumption-renewable-coal/.

45 실체가 없다고들 알고 있는 인터넷조차도 탄소 발자국을 남긴다. 몇 년마다 인터넷 이용자가 10억 명씩 새로 추가되기에 탄소 발자국도 그에 발맞춰 급격히 늘고 있다. 우리의 데이터가 저장된 '클라우드(구름)'는 이름만 들으면 청정할 것 같지만, 사실 그 정체는 우리의 시야 밖에 있는 거대한 서버 팜(한곳에 밀집된 서버들을 일컫는 말로, 서버가 여럿이기에 부하를 분산할 수 있으며 한 서버가 중단되더라도 다른 서버로 대체해 안정적으로 서비스를 제공할 수 있다. 수많은 컴퓨터로 이루어져 있어서 동작시키고 냉각할 때 전력 소모가 크다 – 옮긴이)으로 전 세계 항공 산업만큼이나 탄소를 많이 배출한다.

46 Riley DeHaan, "Distrust, Discrimination, Trade Deficits," *Stanford Daily*, December 10, 2019, https://www.stanforddaily.com/2019/12/10/distrust-discrimination-trade-deficits-abhijit-banerjee-speaks-on-human-element-of-economics/.

47 James Ellsmoor, "New Zealand Ditches GDP for Happiness and Wellbeing," *Forbes*, July 11, 2019, https://www.forbes.com/sites/jamesellsmoor/2019/07/11/new-zealand-ditches-gdp-for-happiness-and-wellbeing/#5ba08f071942.

48 "World Population Projected to Reach 9.8 Billion in 2050 and 11.2 Billion in 2100," June 21, 2017, United Nations Department of Economic and Social Affairs,

https://www.un.org/development/desa/en/news/population/world-population-prospects-2017.html.

49 Darrel Bricker and John Ibbitson, "What Goes Up: Are Predictions of a Population Crisis Wrong?" *The Guardian*, January 27, 2019, https://www.theguardian.com/world/2019/jan/27/what-goes-up-population-crisis-wrong-fertility-rates-decline.

3장

1 대니얼 리버먼을 인터뷰했다.

2 이 이점은 오늘날에도 여전하다. 우리에게는 수백만 개의 에크린샘(땀샘은 에크린샘과 아포크린샘으로 나뉘며 아포크린샘이 겨드랑이와 생식기 등 몇몇 부위에만 분포하는 것과 달리 에크린샘은 거의 전신에 걸쳐 분포한다. 체온 조절을 위해 분비되는 땀은 에크린샘에서 나온다 – 옮긴이)이 있다.

3 Fred H. Previc, *The Dopaminergic Mind in Human Evolution and History* (Cambridge: Cambridge University Press, 2009), 108-14.

4 그런 이유로 도파민 수치가 현저히 낮은 파킨슨병 환자들은 땀을 적게 흘리게 되거나 체온 조절에 어려움을 겪기도 한다.

5 Alana Semuels, "We are all Accumulating Mountains of Things," *The Atlantic*, August 21, 2018, https://www.theatlantic.com/technology/archive/2018/08/online-shopping-and-accumulation-of-junk/567985/.

6 켄트 베리지를 인터뷰했다.

4장

1 Stephen Lambert (producer) and Adam Curtis (director), *The Century of the Self* [motion picture] (England: BBC, 2002).

2 Ibid.

3 Larry Tye, *The Father of Spin* (New York: Henry Holt and Co., 1998), 28-9.

4 Andrew Bennett and Ann O'Reilly, *Consumed* (New York: Palgrave Macmillan, 2010), 6.

5 Tim Wu, *The Attention Merchants* (New York: Knopf, 2016), 56-7.

6 Paul M. Mazur, *American Prosperity: Its Causes and Consequences* (New York: The Viking Press, 1928), 24-5.

7 삶이 배어든 비유다. 허버트 후버는 미국 대통령이 되기 대략 10년 전인 1920년

에 미국공학학회연합회의 회장이었다.

8 Niall Ferguson, *Civilization* (New York: Penguin, 2011), 200.

9 Lewis Mumford, *Technics and Civilization* (Chicago: University of Chicago Press, 1934), 273-4.

10 Larry Tye, *The Father of Spin* (New York: Henry Holt and Co.,1998), 38.

11 Ibid., 40.

12 Ruth Schwartz Cowan, *More Work for Mother* (New York: Basic Books, 1983).

13 Kenneth E . Hagin, *New Thresholds of Faith* (Tulsa: Faith Library Publications, 1972), 54-55.

14 Daniel Bell, *The End of Ideology* (Cambridge: Harvard University Press, 2001), 399-400.

15 지위 불안을 이용하는 건 초기부터 광고인들의 전문 분야였다. 계층 상승이라는 환상은 '기회의 땅'에서 오늘날에도 여전히 강력한 힘을 발휘하기는 하나 다른 많은 부유한 나라와 비교해보면 미국은 사실 사회적 유동성이 적은 국가다. 소득 하위 20퍼센트에 속하는 가정에서 태어난 미국인이 상위 20퍼센트로 올라갈 확률은 7.8퍼센트에 불과하다. 그런데도 미국인들은 변함없이 자기가 그러한 도약을 해낼 수 있으리라고 믿으면서 자신의 능력을 과대평가한다.

16 William James, *The Principals of Psychology* (New York City: Henry Holt and Co., 1890), 401.

17 Ibid., 292.

18 Ibid., 294.

19 Procter & Gamble, "The Talk Ad," August 4, 2017, https://www.washingtonpost.com/video/business/procter-and-gamble-the-talk-ad/2017/08/04/52345b76-7940-11e7-8c17-533c52b2f014_video.html.

20 Tim Nudd, "Audi's Feminist Super Bowl Ad Is a Father Daughter Tale About Equal Pay," *Adweek*, February 1, 2017, https://www.adweek.com/brand-marketing/audis-feminist-super-bowl-ad-is-a-father-daughter-tale-about-equal-pay/.

21 Tim Nudd, "Apple Enlists Carl Sagan for Beautiful Tribute to Earth After US Exit from Paris Accord," *Adweek,* June 8, 2017, https://www.adweek.com/creativity/apple-enlists-carl-sagan-for-beautiful-tribute-to-earth-after-u-s-exit-from-paris-accord/.

22 Daniel D'Addario, "Why the Kendall Jenner Pepsi Ad Was Such a Glaring Misstep," *Time*, April 5, 2017, https://time.com/4726500/pepsi-ad-kendall-jenner/.

23 Tom Peters, "The Brand Called You," *Fast Company*, August 31, 1997.

24 "Children Would Rather Become Popstars Than Teachers and Lawyers," *The Telegraph*, October 1, 2009, https://www.telegraph.co.uk/education/educationnews/6250626/Children-would-rather-become-popstars-than-teachers-or-lawyers.html.

25 Yelena Dzhanova, "Forget Law School, These Kids Want to Be a YouTube Star," CNBC, August 3, 2019, https://www.cnbc.com/2019/08/02/forget-law-school-these-kids-want-to-be-a-youtube-star.html.

26 "About," InfluencerMarketingHub, https://influencermarketinghub.com/influencer-marketing-agencies/obviously/.

27 Federal Reserve Bank of New York, *Quarterly Report on Household Debt and Credit*, May 2021, https://www.newyorkfed.org/medialibrary/interactives/householdcredit/data/pdf/hhdc_2021q1.pdf.

28 Yuval Noah Harari, *21 Lessons for the 21st Century* (Toronto: Signal, 2018), 291.

29 Michael Kwet, "In Stores, Secret Bluetooth Surveillance Tracks Your Every Move," *The New York Times*, June 14, 2019, https://www.nytimes.com/interactive/2019/06/14/opinion/bluetooth-wireless-tracking-privacy.html.

30 Tim Wu, *The Attention Merchants* (New York: Knopf, 2016), 296.

31 Naomi Klein, *On Fire* (Toronto: Knopf, 2019), 245.

32 영국에서도 비슷한 캠페인인 '영국을 깨끗하게Keep Britain Tidy'가 시작되었다. 로열 더치셸과 BP가 마케팅 목적으로 만든 합작회사인 '셸-맥스와 BP 유한회사Shell-Mex and BP Ltd.'의 사장이 의장으로 있던 '영국을 깨끗하게'는 시골에 차를 더 이상 버리지 말라고 시민들에게 촉구했다.

33 Frank Trentmann, *Empire of Things* (London: Penguin Books, 2016), 675.

34 Larry Tye, *The Father of Spin* (New York: Henry Holt and Co., 1998), 46.

35 Ibid., 47.

5장

1 2019년 9월 11일 에디스 홀 박사를 인터뷰했다.

2 Aristotle, *Nicomachean Ethics*, trans. J. A. K. Thomson (London: Penguin Books, 1953), 16.

3 E. L. Deci and R. M. Ryan, "Hedonia, Eudaimonia, and Well-being: An Introduction," *Journal of Happiness Studies* 9, no. 1 (2008), 1-11.

4   Aristotle, *Nicomachean Ethics*, trans. J. A. K. Thomson(London: Penguin Books, 1953), 16.

5   Alexia Fernández Campbell, "CEOs Made 287 Times More Money Last Year Than Their Workers Did," *Vox*, June 26, 2019, https://www.vox.com/policy-and-politics/2019/6/26/18744304/ceo-pay-ratio-disclosure-2018.

6   Katherine Schaeffer, "Six Facts About Economic Inequality in the U.S.," Pew Research Center, February 7, 2020, https://www.pewresearch.org/fact-tank/2020/02/07/6-facts-about-economic-inequality-in-the-u-s/.

7   Dean Baker, "This Is What Minimum Wage Would Be If It Kept Pace with Productivity," Center for Economic and Policy Research, January 21, 2020, https://cepr.net/this-is-what-minimum-wage-would-be-if-it-kept-pace-with-productivity/.

8   Francis Fukuyama, "The End of History ?" *The National Interest* 16 (Summer 1989), 3-18.

9   James Atlas, "What is Fukuyama Saying? And to Whom is He Saying it?" *The New York Times*, October 22, 1989.

10   Ibid.

7장

1   Karl Marx, *The Political Writings* (London: Verso, 2019), 289.

2   PWC, "How Will Automation Impact Jobs?" https://www.pwc.co.uk/automation.

3   James Manyika et al., "Jobs Lost, Jobs Gained," McKinsey Global Institute, November 28, 2017, https://www.mckinsey.com/featured-insights/future-of-work/jobs-lost-jobs-gained-what-the-future-of-work-will-mean-for-jobs-skills-and-wages.

4   Ben Dobbin, "Kodak Chairman Struggles to Develop Efficiency," *Los Angeles Times*, December 6, 1994, https://www.latimes.com/archives/la-xpm-1994-12-06-fi-5505-story.html.

5   Avery Hartmans, "Instagram Is Celebrating Its Tenth Birthday," *Business Insider*, October 6, 2020, https://www.businessinsider.com/instagram-first-13-employees-full-list-2020-4.

6   존 메이너드 케인스는 다음과 같이 썼다. "우리는 특별히 경제 문제를 해결하려는 목적으로 자연에 의해 진화해왔으며, 충동과 깊이 뿌리박힌 본능 모두가 이에 따라 변해왔다. 경제 문제가 해결된다면 인류는 과거부터 지녀온 목적을

박탈당하게 될 것이다……. 세대에서 세대로 유구히 전해 내려오면서 심어진 습관과 본능을 평범한 사람들이 수십 년 안에 버리고 변화에 맞춰 새롭게 바꾸어야만 하리라고 생각하면 두렵다." 우리 가운데 일부는 케인스가 이야기했던 두려움을 느끼며 산다. 케인스는 물질로 가득한 낙원이 생태계에 미칠 결과를 예상하지는 못했지만 20세기의 변화가 그저 영원히 계속될 크루즈 여행 같은 삶으로만 우리를 이끄는 게 아니라 삶의 기본 목적에 대한 딜레마를 불러오리라는 점을 이해했다.

7   The World Bank, "Labour Force Participation Rate," September 20, 2020, https://data.worldbank.org/indicator/SL.TLF.CACT.ZS.

8   E. F. Schumacher, *Small is Beautiful* (London: Vintage, 1993), 40.

9   Mihaly Csikszentmihalyi, Flow: *The Psychology of Optimal Experience* (New York: Harper Perennial Modern Classics, 2007), 3.

10 Edward McEwen et al., "Early Bow Design and Construction," *Scientific American*, June 1991.

11 Ibid.

12 Allan Hall, "Ikea buys 83,000 Acre Forest in Romania to Make Furniture," *The Times*, July 1, 2015, https://www.thetimes.co.uk/article/ikea-buys-83000-acre-forest-in-romania-to-make-furniture-7g6bgk9fphj.

8장

1   2019년 1월 17일 캐나다 국립공원관리청Parks Canada에서 받은 이메일을 참고했다.

2   Samuel Taylor Coleridge, "France: An Ode," *The Complete Poetical Works of Samuel Taylor Coleridge* (Oxford: Clarendon Press, 1912), 243.

3   Samuel Taylor Coleridge, "Letter to Sara Hutchinson 6th August 1802," in *Collected Letters of Samuel Taylor Coleridge*, ed. Earl Leslie Griggs (Oxford: Oxford University Press, 2000 /1802), 841.

4   Donovan Webster, "Inside the Volcano," in *The Best American Science and Nature Writing 2001*, ed. Edward O. Wilson (Boston: Houghton Mifflin, 2001), 253-4.

5   John Bellamy Foster, "Marx's Theory of Metabolic Rift," *American Journal of Sociology* 105, no. 2 (September 1999), 366-405.

6   "Children Spend Only Half As Much Time Playing Outside as Their Parents Did,"

The Guardian, July 27, 2016, https://www.theguardian.com/environment/2016/jul/27/children-spend-only-half-the-time-playing-outside-as-their-parents-did.

7   United States Environmental Protection Agency, "Indoor Air Quality," https://www.epa.gov/report-environment/indoor-air-quality#note1.

8   Richard Louv, *The Nature Principle* (New York: Algonquin Books of Chapel Hill, 2012), 11.

9   Ibid., 105.177.

10 Alan Weisman, "Earth Without People," *Discover*, February 5, 2005.

11 James Gallagher, "More Than Half Your Body Is Not Human," BBC News, April 10, 2018, http://www.bbc.com/news/health-43674270.

12 Thomas Burnet, *The Sacred Theory of the Earth* (Glasgow: R. Urie, 1753), 65.

13 Ibid., 65.

14 Gilbert Burnet, *Some Letters Containing an Account of what seemed Most Remarkable in travelling through Switzerland, Italy, and some parts of Germany in the years 1685 and 1686* (London: J. Lacy, 1724), 15.

15 David W. Krueger, "The Use of Money as an Action Symptom," in *I Shop, Therefore I Am: Compulsive Buying and the Search for Self*, ed. April Lane Benson (Toronto: Rowman and Littlefield, 2004), 291.

16 Linda Marie Brooks, *The Menace of the Sublime to the Individual Self* (New York: Edwin Mellen Press, 1995), 17.

17 José María Heredia, *Torrente Prodigioso: A Cuban Poet at Niagara Falls*, ed. and trans. Keith Ellis (Toronto: Lugus, 1997), 21.

18 Albert Einstein, *Ideas and Opinions* (New York: Crown Publishers, 1954), 11.

19 Ibid.

20 Iian I. Goldberg et al., "When the Brain Loses Its Self," *Neuron* 50 (April 20, 2006), 329-339.

9장

1   Alzheimer's Disease International, "Dementia Statistics," https://www.alz.co.uk/research/statistics.

2   World Health Organization, "Dementia," September 21, 2020, http://www.who.int/news-room/fact-sheets/detail/dementia.

3   United Nations, Department of Economic and Social Affairs, "World Population Prospects 2019," https://population.un.org/wpp/Publications/Files/WPP2019_Highlights.pdf.

4   US Department of Health and Human Services, Health Resources and Services Administration, Bureau of Health Work, National Center for Health Workforce Analysis, "National and Regional Projections of Supply and Demand for Geriatricians: 2013-2025," April 2017, https://bhw.hrsa.gov/sites/default/files/bhw/health-workforce-analysis/research/projections/GeriatricsReport51817.pdf.

5   Ibid.

6   Alzheimer's Disease International, "Dementia Statistics," https://www.alz.co.uk/research/statistics.

7   US Department of Commerce, "Population Estimates," April 17, 1969, https://www.census.gov/prod/1/pop/p25-420.pdf.

8   Alexandre Tanzi and Shelly Hagan, "Half of Americans Are Now Over the Age of 38," *Bloomberg*, June 19, 2019, https://www.bloomberg.com/news/articles/2019-06-20/half-of-americans-are-now-over-the-age-of-38-census-data-show.

9   Jane Reister Conrad, "Granny Dumping: The Hospital's Duty of Care to Patients Who Have Nowhere to Go," *Yale Law & Policy Review* 10, no. 2 (1992), 463-87.

10   "Granny Dumping by the Thousands," *The New York Times*, March 29, 1992.

11   Frans de Waal, *Our Inner Ape*, (New York: Riverhead Books, 2006), 170.

12   Frans de Waal, *Bonobo: The Forgotten Ape* (Berkeley: University of California Press, 1997), 157.

13   Susan Nesser, "Zoo Story," *Milwaukee Magazine*, August 2007.

14   Stephen Jay Gould, *Ever Since Darwin* (Harmondsworth, UK: Penguin, 1980), 261.

15   Sandra Blakeslee, "Cells That Read Minds," *The New York Times*, January 10, 2006.

16   Frans de Waal, *Our Inner Ape* (New York: Riverhead Books, 2006), 177.

17   Laura Geggel, "Yawning Not Contagious for Children with Autism," *Scientific American*, September 23, 2013, https://www.scientificamerican.com/article/yawning-not-contagious-for-children-with-autism/.

18   Frans de Waal, *The Age of Empathy* (New York: Three Rivers Press, 2009), 49.

19   Frans de Waal, *Our Inner Ape* (New York: Riverhead Books, 2006), 174.

20   Peter Singer, *The Expanding Circle* (Princeton: Princeton University Press, 1981/2011).

21 Robert E. Lane, *The Loss of Happiness in Market Democracies* (New Haven: Yale University Press, 2000), 61.

옮긴이 **김하늘**

프랑스 렌 2대학 역사학과를 졸업했다. 글밥 아카데미 수료 후 현재 바른번역 소속 번역가로 활동 중이다. 옮긴 책으로는《비폭력으로 살아가기》《인투 더 플래닛》《판도라의 딸들, 여성 혐오의 역사》가 있다.

우리가 살 수 없는 미래

초판 1쇄 발행 2023년 7월 19일

지은이 | 마이클 해리스
옮긴이 | 김하늘
발행인 | 김형보
편집 | 최윤경, 강태영, 임재희, 홍민기, 김수현
마케팅 | 이연실, 이다영, 송신아
디자인 | 송은비
경영지원 | 최윤영

발행처 | 어크로스출판그룹(주)
출판신고 | 2018년 12월 20일 제 2018-000339호
주소 | 서울시 마포구 양화로10길 50 마이빌딩 3층
전화 | 070-5080-4038(편집) 070-8724-5877(영업)
팩스 | 02-6085-7676
이메일 | across@acrossbook.com

한국어판 출판권 ⓒ 어크로스출판그룹(주) 2023

ISBN 979-11-6774-110-3 03330

만든 사람들
편집 | 김수현
교정교열 | 윤정숙
표지디자인 | 동신사
본문디자인 | 송은비
본문조판 | 박은진